LE BALCON
阳台

JEAN GENET
让·热内

程小牧 译

鸣谢上海视域文化传播有限公司与
海星客企业发展(上海)有限公司支持本书出版

上海文艺出版社
Shanghai Literature and Art Publishing House

CONTENTS
目录

《阳台》内容概要 / 003

剧本正文 / 011

怎样演《阳台》 / 189

关于《阳台》的书信 / 199

奇谈怪论 / 217

译后记 / 237

《阳台》剧本 1956 年由法国弓弩出版社（L'Arbalète）首次出版，全剧共十五场戏。1960 年，该社出版《阳台》第二版，热内将其合并为九场戏。1962 年该社出版《阳台》第三版，为终极版。该版收入 1968 年伽里玛出版社的《热内全集》。此中文本根据伽里玛 1968 年版译出。

《阳台》
内容概要*

《阳台》由长短不一的九场戏构成，可分为三大部分，其中第六场即革命者的出场是枢纽。前五场表现了戏剧化的人物和他们的双重处境（妓院里的角色游戏和妓院外的革命暴动）。后三场戏则表现了革命暴动如何进入妓院之内以及权力如何进入角色游戏。

第一场

在怪诞的室内布景中，一个身着主教礼袍的男人在一个看似妓女的年轻女子的配合下，沉思其宗教身份的本质，试图弄清他的存在与他的职责间的区别。一个穿正装的女人，伊尔玛夫人，是这家名为"大阳台俱乐部"的场所的老板，她不时出现在舞台上。于是我们明白了主教只是一位顾客，"大阳台"是一家满足人们色情/精神幻想的高级妓院。舞台深处不断响起机枪扫射声，妓院外正发生革命暴动，整个城市陷入火海和血泊中。

第二场

同样的游戏，一个扮成法官的男人思考着自己权力的本质。与第一场戏不同的是，法官和女贼交换着施虐和受虐的身份，一个扮成打手的男人配合着他们的游戏。这个人将在第五场中再次出现，他叫阿瑟，是伊尔玛夫人的小白脸。

第三场

类似的情景，一个腼腆的男人身着将军的制服，体验自己在战斗中如何英勇牺牲，如何被歌颂和安葬。一位漂亮女郎帮他易装，跪在地上扮演他的母马。女郎拖着带轮子的沙发椅，在肖邦的《葬礼进行曲》中，把将军拖下场。

第四场

极为简短而戏剧性的一幕：一个扮成乞丐的小老头，被一个十分漂亮的身着皮装的红头发姑娘欺侮。几乎没有台词，假发套、鲜花和马鞭等道具带有虐待狂的快感和喜剧色彩。

第五场

在伊尔玛的房间里,室内装饰与前几场戏的布景类似,伊尔玛和卡门展开了一场长长的对话。卡门是伊尔玛最喜爱的姑娘,被提拔为"大阳台"的会计。她们谈论着"大阳台"的真正作用,伊尔玛称之为"幻觉宫殿",它并非仅满足"客人"们的性欲,而是实现他们心目中的"秘戏"。卡门不想成为这个虚假游戏的受骗者,她渴望拥有一个真正的家,但她不由自主地沉迷于自己扮演过的角色:卢尔德的圣母玛丽亚。伊尔玛为尚达尔的失踪感到忧虑。尚达尔原先也是"大阳台"的妓女,她从妓院逃跑,委身于革命者。据警察局长乔治得到的消息,尚达尔已成为革命者们的偶像。阿瑟扮演完打手,来到伊尔玛面前邀宠,伊尔玛打发他立刻出门,穿过枪林弹雨去找警察局长乔治寻求保护。阿瑟刚一出门,警察局长就来到妓院,他要镇压暴动以巩固自己的权力,而他真正的渴望则是:看到自己的形象跻身于"大阳台"的客人们所扮演的人物谱中,就像

"主教"和"法官"一样。阿瑟回来了,他刚一进门就被一颗流弹击中身亡。此时,女王的传令官突然来到"大阳台"妓院。

第六场

尚达尔和罗杰吟诵着依依惜别的恋曲。罗杰曾是"大阳台"的水管工,如今成为暴动者的小分队头目。别的小分队不惜用一百个挖土女工换取一个尚达尔,因为革命需要一位自由女神的形象,让她引吭高歌,引导人民攻克堡垒,吓退敌人。但罗杰担心尚达尔虽曾在妓院里待过,精通演戏和做假的艺术,却未必能斗得过那些更加"狡猾和老练"的当权者。

第七场

传令官向"大阳台俱乐部"的人们透露,城市已被炸毁,政权已经崩溃,王室、教会、法院和军队的代表都被杀害。警察局长迫不及待地想要夺取权力,传令官则冷嘲热讽,他另有打算:让伊尔玛夫人代替女王。因为王室的特质就是缺席,伊尔玛扮成的女王也因其虚妄而不可摧毁。伊尔玛夫人毫无扭捏之态地接受了女王的角色。警察局长幻想成为国家的救星,幻想人民为他修建一座宏伟的陵墓,而他还活着就进入陵墓,成为神话。

第八场

在传令官的安排下,大人物们(女王和头三场戏中出现的人物形象:主教、法官和将军,还有警察局长扮演的英雄)登上"大阳台俱乐部"的阳台,似乎要与尚达尔所代表的新政权和谈。然而随着乞丐的一声大喊:"女王万岁",尚达尔中枪倒下。

第九场

一切都恢复了秩序:主教、法官和将军谈论着他们陪女王穿城而过时的恐惧,随时都可能被打死,然而他们却受到了欢呼和拥戴。三位摄影师为他们拍照,让他们的形象永垂不朽。他们沾沾自喜,觉得真正的行动比角色游戏更迷人。他们嘲笑那个其形象从未被扮演过、从未被角色游戏所加冕的警察局长，觉得他是无名小卒。但很快警察局长就找回了权威，让这些冒牌货在镜子前看到真正的自己。警察局长的使命还没有完成，他仍怀着沉重的期待。此时发生了极为戏剧化的一幕，赋予这场闹剧真正的政治内涵：一个客人来到妓院，想扮演警察局长——警察局长的形象终于进入了"大阳台"的人物谱。而这个客人不是别人，正是革命者罗杰。革命失败了，他扮成自己的敌人，梦想得到他的权力，而在扮演的过程中，他突然阉割了自己，如同阉割他的敌人。警察局长因自己被扮演而大喜过望，又因被扮演者阉割而大惊失色。他决定活着住进自己的陵墓中。

演出结束了，头三场戏中扮演大人物们的客人各自回家了。传令官也回去了。伊尔玛在卡门的帮助下，关上妓院/剧场的每个厅里的灯，为下一场演出做准备：幻觉将永远周而复始。

---

* 此内容概要由米歇尔·科尔文（Michel Corvin）编写，见伽里玛出版社口袋本《阳台》。——译注

《阳台》
剧本正文

告读者*

对一个行动、一种经验的虚构再现,通常可以免除我们在现实层面、通过我们自身去完成它的努力。

——"既然根据我们时代的戏剧习俗,剧场的再现只能是对一个事实的再现,那么,假如某种混乱或恶的问题在戏剧舞台上得以解决,这表明该问题实际上是被取消了。就让我们如此转移注意力吧,当我们把自己投射到英雄身上,而英雄奋力获得了解决之道,让我们的内心充满骄傲吧。"

这就是一种和解意识不断向观众所鼓吹的东西。然而,任何一个被暴露出来的问题都不应该在想象中得到解决,尤其是戏剧式的解决办法总是急于寻求社会秩序的完善。相反,如果我们只能求助于自身,那么在舞台上爆发的、让我们赤裸相见的恶,就会令我们惊慌失措。

艺术家——或诗人,不是用来为恶的问题找到有效的解决办法的。他们接受被诅咒的命运。如果他们有灵魂，那么即使在厄运中失去灵魂也在所不惜。但作品将是一种活跃的爆发，一种行动。观众们从此出发，作出他们想要作出或能够作出的反应。如果在艺术作品中，"善"应该显现，就得凭借歌唱的力量。歌唱本身的活力能使被暴露的恶变得美妙。

今天，多少诗人都投身于一种奇怪的活动：他们歌唱人民、歌唱自由、歌唱革命，等等。这些被歌唱的东西，沉淀、固定在虚幻的天空中，窘迫而干瘪，看上去成了畸形的星宿。它们脱离了躯体，变得遥不可及。既然它们被发配到如此高远渺茫之处，又怎么去接近它们、爱它们、体验它们呢？写下的字词，经常隆重地变成了一首诗的组成符号。诗是乡愁，而歌唱毁掉了诗的初衷，我们的诗人毁灭了他们想使之活下去的东西。

也许，我令人费解？

---

* 《告读者》是热内在1960年《阳台》第二版出版时加上的。——译注

人物

主教

法官

打手：亚瑟

将军

警察局长

小老头

罗杰

男人

暴动分子之一

传令官

摄影师甲

摄影师乙

摄影师丙

乞丐：奴隶

伊尔玛：女王

女人①

女贼

姑娘②

卡门

尚达尔

---

① 第一场戏中伊尔玛夫人手下的一名妓女，招待一位扮演主教的嫖客，她扮成向主教忏悔的女人，即称"女人"。该场戏末尾部分改称其为"姑娘"。"姑娘"在旧时法语的特定语境中指"妓女"，类似于今天中文的"小姐"。——译注

② 第三场戏中的妓女，招待一位扮演将军的嫖客。——译注

第一场

布景

(天花板上挂着一盏分枝大吊灯,以下每场戏此道具保持不变。

布景看上去好似教堂圣器室,由三面血红色的缎子屏风构成。

里面的那道屏风上开了一扇门。

舞台上方是一个以仿真透视法绘制的巨大的西班牙式十字架。

右面墙板上挂一面金色雕花框的镜子,镜子里映出一张凌乱的床。如果空间安排合理,床的位置应该处于剧场池座第一排。

一张放着水罐的桌子。

一张黄色沙发椅。

椅子上搭着一条黑裤子、一件衬衫、一件短上衣。

头戴教冠、身着金色斗篷的主教坐在椅子上。

他明显比常人高大得多。

扮演主教的演员足蹬高约半米的厚底戏靴。

他披着斗篷的双肩被极度加宽,以至于大幕升起时,他就像一个庞大而僵硬的稻草人。

他的脸化着夸张的浓妆。

他旁边,一个相当年轻的女子涂着厚脂粉、穿着花边睡裙,用毛巾擦着手。

一个四十多岁的棕发女人,表情严肃,穿着裁剪合体的黑色套装。她叫伊尔玛。她头戴礼帽,帽子配有可在下颌上系起来的带子。)

主教(坐在舞台中间的沙发椅上,嗓音低哑而热切):说实话,主教的特征不该是仁慈或热忱,而是最严谨的智慧。心灵使我们迷失。我们以为能主宰自己的善,其实只是安于惰性的奴隶。这甚至关系到比智慧更高的东西……(犹豫)或许是残酷。通过对残酷的超越,才能巧妙而有力地走向空无。走向死亡。上帝?(微笑)我看到你走过来了!(对着他自己的教冠）无檐帽式的教冠，你可知道，如果我的眼睛最后一次闭上，我眼皮前出现的将是你，我美丽的金灿灿的帽子……是你们，美丽的饰物、斗篷、花边。

伊尔玛（唐突地）：该说的都说了。等戏演完了……

（整场戏她都站在紧靠门口的地方，几乎没动。）

主教（温柔地示意伊尔玛不要打扰他）：骰子已经掷出……

伊尔玛：打住。两千法郎，一共两千法郎，别啰嗦。不然我就生气了。这可不是我的风格……现在，要是您有什么困难……

主教（扔开教冠，干巴巴地）：谢谢。

伊尔玛：别摔坏了，这个还有用呢。（转向年轻女人）把它收拾好。

（女人把教冠放到桌子上，靠近水罐。）

主教（沉重地叹了口气）：听说咱们这里很快就会被包围了，暴动分子已经过了河。

伊尔玛（焦急地）：到处都是血……您回去时沿着主教府的墙根走，走鱼市街……

（突然听到一声女人的痛苦尖叫，却不见人。）

（恼火地）我一直嘱咐他们要保持安静。幸亏我有预防措施，把所有窗户都用厚绒布帘堵上。（突然友好而狡黠地）咱们今晚都干了些什么呀？赐福？祈祷？弥撒？没完没了的崇拜？

主教（郑重地）：现在别提这些了。已经结束了。我只想下次再来……您说城里已经满是血泊……

女人（打断他）：夫人，先是赐福，然后是我的忏悔……

伊尔玛：然后呢？

主教：够了！

女人：就这些。最后是我被赦免。

伊尔玛：那为什么不能让人看看啊？就一次？

主教（惊恐地）：不，不行。这些事情必须永远保密。在我换衣服时谈这些，已经很不像话了。所有的门都得关上。哦，关紧、闭上、扣上、系上、钩上、缝上……

伊尔玛：我其实是想问您……

主教：住嘴吧,伊尔玛夫人。

伊尔玛(恼火地)：您至少得允许我操心一下……业务吧?我跟您说了,两千法郎。

主教(嗓音突然清晰了,好像从梦中醒来。显得有些气恼)：咱们可不怎么卖力呀。勉强算起来才六项罪,还不是我最喜欢的罪。

女人：才六项罪!那可都是死罪啊!我好不容易才想出这些罪。

主教(担心地)：什么,你这些罪是假的?

女人：全是真的!我是说我犯下这些罪可费了大劲了。您可不知道要克服多少困难才能够得上大逆不道。

主教：我能想到,小姑娘。世间的秩序多么微不足道,想干什么都行——几乎什么都行。但如果你的罪是假的,你现在可以告诉我。

伊尔玛：别啊!她要是说了,您下次一来又该唠叨了。可别说。她的罪都是真的。(转向女人)帮他把鞋带解开,鞋子脱下来。给他穿上衣服,别着凉。

（转向主教）您想来杯烈酒吗，热的？

主教：谢谢。我没时间。我得走了。（迷茫地）是的，六宗罪，但都是死罪！

伊尔玛：过来，得给您换衣服了。

主教（哀求地，几乎要跪下了）：别，别，再等一会儿。

伊尔玛：时间到了。赶紧！快！再快点儿！

（说着话，主教的衣服已经被脱了下来。或者说，只是解开了别针、束带，这些带子维系着斗篷、绶带和法衣。）

主教（对女人）：这些罪，你当真犯了吗？

女人：是的。

主教：你该干的都干了？所有这些勾当？

女人：是的。

主教：你抬起脸靠近我的时候，是罪恶之火照亮了你的脸吗？

女人：是的。

主教：当我把戴戒指的手按在你的额头上，宽恕你时……

女人：是的。

主教：当我忘情地凝视着你美丽的双眼时？

女人：是的。

伊尔玛：在这美丽的双眼中至少能看到忏悔，是不是，先生？

主教（站起身）：一闪而过吧。但我是要在那双眼睛里寻找忏悔吗？我在那里看到了作恶的强烈欲望。欲望淹没了她，突然间，她受到了恶的洗礼。她的大眼睛向着深渊睁开……一抹死亡的苍白让她的脸容光焕发，是的，伊尔玛夫人，容光焕发。但我们的神圣就是为了能宽恕你们的罪。你的罪是演的吗？

女人（突然风骚地）：如果我的罪是真的呢？

主教（语调变了，变得不太像戏剧腔）：你疯了！我希望你在现实中没有做过这一切！

伊尔玛（对主教）：别听她的。关于她的罪行，您就放心吧。这里没有……

主教（打断她）：我很明白。这里，没有作恶的可能。你们就生活在罪恶中。没有丝毫悔意。你们还怎么能作恶呢？魔鬼在演戏。这时，我们才认出他。

他是伟大的演员。这就是为什么教会要诅咒戏剧演员。

女人:现实让您害怕了,是吗?

主教:如果是真的,你的罪行就是重罪,而我将陷入可笑的窘境。

女人:您要去报警吗?

(伊尔玛继续给他脱衣服。仍剩下斗篷挂在他的肩膀上。)

伊尔玛(对主教):让她清静清静吧,别再说这些了。

(又听见了同样可怕的尖叫声。)

又是他们。我去让他们闭嘴。

主教:这叫喊声不是演的。

伊尔玛(担心地):我不知道……我们知道什么啊,有什么关系呢?

主教(慢慢地走近镜子,镜子立在他面前):……请回答我,镜子啊,回答我。我是来这里发现罪行和无辜的吗?(非常慢地转向伊尔玛)出去!让我一个人待会儿!

伊尔玛：时间不早了。再晚，您就没法安全离开了。

主教（哀求地）：就一分钟。

伊尔玛：您已经在这儿待了两小时二十分钟了。就是说超了二十分钟……

主教（突然发怒）：让我一个人待会儿。如果您愿意，就趴门上听吧，我知道您一直这么干，等我完了您再进来。

（两个女人叹着气出去了，显得很疲惫。）

（主教一个人待着。先努力让自己平静下来，然后站在镜子前，拿着法衣）：

回答我，镜子啊，回答我。我是来这里发现罪行和无辜的吗？在您镶金边的玻璃中，我是什么？我向看着我的上帝起誓，我从未渴望过主教的宝座。成为主教、向人们指出他们因美德或恶行而身处的等级，这让我远离了主教应有的尊严。我来解释一下（主教以一种十分清晰、好像遵循着逻辑推理的语调说）：为了成为主教，我必须尽力不去做主教，而是做那些把我引向主教的事。当我最终成了主教，为了当好主教,当然是为了我自己而当好主教,我必须不停地意识到我就是主教从而完成我的职责。

(他抓住他的法衣下摆,垂下手来)

啊,花边,花边,为了遮盖气喘吁吁的喉咙,遮盖狼吞虎咽的喉咙,遮盖脸和头发,千百双小手织出了你们,你们用枝叶和花卉图案装饰着我。

但关键就在这里(他笑着)啊!我会说拉丁语!——职责就是职责。职责并不是一种存在方式。然而,主教,这是一种存在方式。这是一个重任、一个负担。教冠、花边、金色的缀满珠子的布料、跪拜……见鬼去吧职责!

(机关枪劈劈啪啪的扫射声。)

伊尔玛(脑袋伸出门缝):您完事了吗?

主教:让我安静一会儿,看在上帝的分上!滚出去!我在扪心自问。

(伊尔玛重新关上门。)

权威和尊严照亮了我这个人,它们并不源自我的职责——也不来自上天!它们只源于我个人的功德——照亮我的权威和尊严来自一种更神秘的光辉:

因为主教先我而在。镜子啊,你包着金边,装饰得像墨西哥雪茄烟盒子,我跟你说过吗?我想做一名孤零零的主教,只想要主教的外表……为了摧毁这职责,我要制造丑闻,撩起你的裙子,嫖你,婊子、娼妇、烂货……

伊尔玛(走进来):现在够了吧。您得走了。

主教:您疯了吗,我还没完呢。

(两个女人都走了进来。)

伊尔玛:您知道,我可不是来跟您吵架玩的。您真的没时间了……我再跟您说一遍,在外面待得太久对所有人都很危险。

(远处传来机枪扫射的噪音。)

主教(苦涩地):您根本不在乎我的安全。当我完事了,您什么都不在乎。

伊尔玛(对姑娘):别听他说了,帮他换衣服。

(转向主教。此时他已脱下厚底靴,身高与最普通的演员无异):

帮帮忙,您别那么僵硬。

主教(痴傻地):僵硬?我僵硬吗?庄严的僵

硬！最终的静止……

伊尔玛（对姑娘）：把他的上衣递给他。

主教（看着堆在地上的戏服）：首饰、花边，通过你们我重新进入自我。我收复失地，攻下一块十分古老的要塞，我曾经从这儿被驱逐出去。我在一片林间空地安身，在这里才终于可以自杀。在这里，对我的评判取决于我自己，我终于能直面死亡。

伊尔玛：很美。不过您必须走了。您把车停在路口了，电线塔旁边……

（主教很快换上了日常服装，把他的教袍扔到一边。）

主教（对伊尔玛）：因为我们的警察局长，这个废物，丢下我们不管，任凭暴民割开我们的喉咙！（转向镜子，对镜朗诵）：首饰！教冠！花边！特别是你，金色的斗篷，让我远离俗世。我的腿在哪里？我的胳膊在哪里？在你熠熠闪光的冰凉的下摆中，我的手在做什么？它们只能草草地作出飞翔的姿势，变成了残断的翅膀——不是天使的翅膀，而是松鸡的翅膀！——僵硬的斗篷，在你的温暖和幽暗中，生出了最温柔、最光明的仁慈。在你的庇护下，我酿出爱的琼浆，润泽世人……有时，我的手像刀子般伸出来，施福于人。或者砍削、切割？脑袋像乌龟，我的手撑开衣摆。乌龟还是机警的毒蛇？返回岩石中。衣摆之下，我的手渴望着……首饰、金色的斗篷……

（舞台从左向右移动，好像逐渐消失在侧幕中。第二场布景出现。）

第二场

布景

(同前场一样的大吊灯。三面棕色的屏风。白墙。

同样的镜子,位于右侧,镜子中映出与前一场相同的凌乱的床。

一个年轻貌美的女子,看上去像被捆了起来,双手被缚。

她的薄纱长裙被撕开,露出胸脯。

在她面前,站着一个打手。他高大魁梧,赤裸着上身,肌肉十分发达。背部的腰带上别着皮鞭,看上去像条尾巴。

一个法官,同样脚蹬厚底靴,厚底靴藏在他的袍子里,他站起身时将显得十分高大。他化着浓妆,匍匐在地,朝年轻女子爬去,女子逐步后退。)

女贼(伸出一只脚):还没完呢!舔!先舔!

(法官又努力往前爬了爬，然后缓缓地、艰难地站起身，看起来很幸福，他走到一张板凳边坐下来。)

女贼（换了一副态度，从高高在上变得卑贱低微。）

法官（严厉地）：因为你是贼！我们把你捉住了……谁？警察……你忘了我的警察们布下的天罗地网、铜墙铁壁，限制着你的一举一动？好像目不转睛的昆虫，爬向目标，窥伺着你们。他们把所有你这样的人，所有的女犯，统统带到法庭上。你有什么要回答的吗？我们把你当场抓住……在你的裙子底下……（转向打手）把你的手伸到她裙子里，你会摸到一个口袋，神奇的袋鼠口袋。（转向女贼）你可真是什么破玩意儿都偷，塞得这么满！因为你贪得无厌，不知好歹！还是个蠢货……（转向打手）这个著名的袋鼠口袋、这个巨大的兜子里都有什么？

打手：有香水，法官先生，一支手电筒、一瓶喷雾器、几个橙子、几双袜子、几个海胆、一条搓澡毛巾、一条围巾。(转向法官) 您听到我说的了吗？我说：一条围巾。

法官（大惊）：一条围巾？啊，啊，我们得好好问问。这条围巾是做什么用的？嗯？做什么用的？用来勒死谁？回答我。勒死谁？……你是贼还是杀人犯？（非常和蔼地，恳求地）告诉我，小姑娘，我求你了，告诉我你是个贼。

女贼：是的，法官先生！

打手：不对！

女贼（吃惊地看着他）：不对？

打手：还得等一会儿。

女贼：什么？

打手：我是说，你得再等一会儿再认罪。先抵赖。

女贼：是为了再挨几顿打吗？

法官（甜言蜜语地）：太对了，我的小姑娘：为了再挨几顿打。你得先抵赖，然后才能好好地承认和忏悔。我想看到你美丽的眼睛涌出热泪。哦！我想要你浸透在泪水中。眼泪的力量！……我的法典呢？

（他在衣摆下面找了找，拿出一本书。）

女贼：我已经流过泪了……

法官（好像在阅读法典）：那是因为挨打。我想要的是悔恨的泪水。我要看到你像草地一样湿润，才会满足。

女贼：这可不容易。刚才，我使劲地哭……

法官（不再读法典，一半戏剧腔一半日常语调）：你很年轻。你是新来的吗？（忧虑地）你别是未成年吧？

女贼：不是，不是，先生……

法官：请叫我法官先生。你来这儿多久了？

打手：前天，法官先生。

法官（重操戏剧腔，继续读法典）：让她说。我喜欢她怯生生的细嗓子……听着：要是你想让我当好法官，你就得当好小偷。你要是假小偷，我也就成了假法官。明白了吗？

女贼：哦好的，法官先生。

法官（继续读着法典）：好，到现在为止，一切都很顺利。我的打手打得狠，因为这是他的工作。咱们是拴在一起的,你、我、他。要是他不打你,我怎么叫他住手呢?所以,他必须打你,这样我才能制止他,显示我的权威。而你也必须抵赖,这样他才能打你。

(隔壁传来东西掉在地上的响声。法官以日常语调):

怎么回事?所有的门都关好了吗?肯定没人会看见我们、听到我们说话吗?

打手:不会,不会,别担心。我已经把门插上了。

(走去过检查了一下后门上巨大的插销。)

而且走廊是禁止入内的。

法官(日常语调):你肯定吗?

打手:我向您保证。(把手伸向自己的口袋。)我能抽支烟吗?

法官(日常语调):抽吧,烟草的气味给我灵感。

(又传来和刚才同样的响声。)

哦,这是怎么回事?到底是怎么回事?我都不得安宁了。(他站起身。)发生什么事了?

打手(干巴巴地):什么事也没有。应该是什么东西掉到地上了。是您太紧张了。

法官(日常语调):有可能,但紧张给我启示,让我保持警惕。

(他站起身来,走近墙板。)

我能看看吗?

打手:只能看一眼,时间不早了。

(打手耸耸肩,和女贼互相眨了眨眼睛。)

法官(看完之后):很亮,灯火通明,但空荡荡的。

打手(耸耸肩):空荡荡的!

法官(以更加日常的语调):你好像很担心。有什么消息吗?

打手:今天下午,您来到这里之前,有三个重要地点落入暴动者手中。他们放了好几把火,没有一个消防员出来救火。到处火光冲天。王宫……

法官:那警察局长呢?还像平时一样懒得管?

女贼:四个小时了,一直没他的消息。如果他能跑出来,肯定会来这儿。他说不定哪会儿就出现了。

法官(坐下,对女贼):不管怎么样,他别想从拉罗亚德桥过来了。昨天夜里,桥被炸塌了。

女贼:知道。我们在这儿都听见爆炸声了。

法官(重操戏剧腔,读着法典):好了。咱们重新开始。于是,趁着正义的力量打盹时,趁着一秒钟的间歇,你去偷、去抢、去劫、去掠……

女贼:不是的,法官先生,根本没有……

打手:我再抽她几鞭?

女贼(大叫):亚瑟!

打手:你怎么搞的?别跟我说话。你得回答法官先生的问题。我嘛,你要叫我打手先生。

女贼:是,打手先生。

法官(读着书):我重来:你到底偷没偷?

女贼:偷了。偷了,法官先生。

法官(读着书):好吧。现在你要快速、准确地回答:你还偷了什么?

女贼:一点面包,因为我饿。

法官(站起身,放下书):崇高!崇高的职责!

我必须要审判这一切！哦，小姑娘，你让我和世界和解了。法官！我将是你行为的法官！裁决、权衡全都取决于我。世界是一个苹果，我把它一切两半：好人、坏人。而你，你承认自己是坏人，谢谢你。（转向观众）在你们众目睽睽下，我公正廉洁，把腐败之物铲除消灭。但这是一件痛苦的事。如果严肃处理每一桩判决，那每一桩都能要了我命。这就是为什么我已经死了。我居住的地方是完全自由之地。我是冥界之王，我所审判的是像我一样的死人。她也是一个像我一样的死人。

女贼：您吓着我了，法官先生。

法官（非常夸张地）：闭嘴！在冥界深处，我分别处置那些候死的人。一些被投入熊熊烈火，另一些被扔到百无聊赖的水仙平原①。而你，你这个女贼、奸细、母狗，现在跟你说话的是我冥界判官米诺

---

① 水仙平原（champs d'asphodèles），古希腊神话中冥界之地，这里居住着大多数死者的灵魂——那些即无大德亦无大罪的普通人。他们的灵魂没有实体，飘浮无依，只能漫无目标、百无聊赖地永远停留在水仙平原。——译注

斯,米诺斯在裁决你。(转向打手):刻耳柏洛斯①,冥界的看门狗!

打手(模仿狗叫):汪!汪!

法官:你真美!每看到一个新的猎物,你就变得更美。(掰开打手的嘴)亮出你的利齿!很可怕。很白。

(忽然,他显出担忧的样子。对女贼):

你真偷了那些东西吧?你不是在说谎吧?

打手:您别担心。她肯定不敢不偷。就是敢,也有我硬拖着她呢。

法官:这还差不多。继续说,你偷了些什么?

(突然一阵机枪扫射声。)

真是没完没了。没一刻清静。

女贼:我都跟你们说了,暴动分子把城北地区全都攻占了……

打手:闭上你的臭嘴!

---

① 米诺斯为古希腊神话中冥界三判官之一,刻耳柏洛斯为看守冥界的恶犬。——译注

法官（恼火地）：你还回不回答我了？你还偷了些什么？在哪儿？什么时候？怎么偷的？多少？为什么？为了谁？——回答！

女贼：我经常趁女佣不在时，从佣人的楼梯溜进房子……我偷走抽屉里的东西，打碎小孩的存钱罐。（明显在编词儿）有一次，我打扮成体面的女人，穿一身褐色套装、戴一顶缀着樱桃、带面纱的黑色礼帽、穿一双黑色粗跟皮鞋——于是，我就溜进去了。

法官（急迫地）：哪儿？哪儿？哪儿？哪儿？——哪儿——哪儿？溜进了哪儿？

（"哪儿"的发音愈发慢而重，好像在恐吓）

女贼：我记不清了，请原谅。

打手：我下手了？

法官：别急。（对姑娘）你溜进哪儿了？告诉我在哪儿？哪儿？哪儿？哪儿？……

女贼（恐慌地）：我向您发誓，我记不起来了。

打手：动手吗？法官先生，我动手了？

法官（对打手，靠近他）：啊！啊！你的快乐取决于我。你喜欢打人,是不是?我赞同你,打手!你这肌肉巨人完全听我摆布!(假装在打手身上看到了自己)镜子,让我变得高大的镜子!你这可以触摸的形象,我爱你。没有你,我永远也不会有这样的力量,这样的本事,在她背上留下斑斑血痕。再说,就算我有了这力量和本事又能干什么呢?(抚摸打手)你在这儿吗?你在这儿,我巨大的手臂,你对我来说太厚重了,对我的双肩来说太粗壮了,你却独自与我并肩同行!手臂,沉甸甸的肉块,没有你,我就什么也不是……(对女贼)没有你也同样,小姑娘。有了你们俩,我才完整……啊,我们是漂亮的三人组!(对女贼)而你,你比他、比我都更优先,因为你先我们而在。我之所以是法官,是因为你是小偷。你只要拒绝……但你休想!……休想拒绝成为你自己、成为你所是的。你要是拒绝,我也就不存在了……我就消失了,蒸发了。粉身碎骨。飘散殆尽。无影无形。那么,善又从哪里而来……怎么样?怎么样?你不会拒绝成为小偷,不会吧?否则,就太残忍了。就是犯罪。你将剥夺我的存在!(乞求地)告诉我，我的孩子，我的爱，你不会拒绝我的，不会吧？

女贼（风骚地）：那谁知道呢？

法官：什么？你说什么？你会拒绝我？告诉我在哪儿！再跟我说一遍你都偷了些什么？

女贼（干巴巴地，站起身）：不说。

法官：告诉我在哪儿！你别那么残忍……

女贼：别跟我"你""你"的，行吗？

法官：小姐……女士。我求您了（跪下）您看，我在求您。别让我保持这个姿势，苦苦期待着当上法官！要是没有法官，我们会变成什么样啊，但要是没有小偷呢？

女贼（嘲讽地）：没有小偷？

法官：这将是多么可怕。但您可不会这样戏弄我，不会吧？您不会让这里没有小偷的吧？你好好听我说：你就装作拒不认罪吧，只要我能忍受，只要你一直好好演下去，随你怎么让我苦苦拷问、气急败坏、唾沫横飞、大汗淋漓、声嘶力竭，匍匐在地……你想让我在地上爬？

打手（对法官）：爬吧！

法官：我很自豪！

打手（威胁地）：爬！

（法官跪下，趴到地上，慢慢向着女贼爬去。随着他向前爬行，女贼逐渐后退。）

好。继续。

法官（对女贼）：骚货，你让我这法官匍匐在地，你有理，但你要是彻底拒绝我的存在，婊子，这就是犯罪！……

女贼（傲慢地）：叫我女士，提要求要有礼貌。

法官：我能如愿以偿吗？

女贼（风骚地）：那可要付大价钱呢，偷窃可不容易。

法官：我给！要什么我都给，女士！要是我不能再辨别善恶，我还有什么用呢，我问您！

女贼：我也在考虑呢。

法官（无限悲哀地）：刚才，我都快成了米诺斯。我的刻耳柏洛斯犬发出了叫声。（对打手）你记得吗？（打手让鞭子发出一声响，打断了他）你多么残忍啊，恶人！好吧！我，我是铁面无情的。我要把被判下地狱的人塞满冥界、塞满监狱。监狱！监狱！监狱，囚室，被降福的圣地，既然它们是被世人彻底诅咒的地方，在那里就不可能有恶。我们不可能在恶之中作恶。不过，这并不是谴责，如同我渴望的那样，而是判断……

（想从地上爬起来。）

打手：爬！赶紧爬。我得去穿衣服了。

法官（对姑娘）：女士！女士，求您接受吧。我都打算舔您的鞋了。但您得告诉我，您是小偷……

女贼（大声）：还没到时候呢。舔！舔！先给我舔！

（舞台从左向右移动，就像上一场结束时一样，消失在右侧幕中。远处传来机枪扫射声。）

第三场

(三面屏风如前两场一样摆放,但颜色改为墨绿色。同样的吊灯。同样的镜子,映出凌乱的床。沙发椅上放着一只穿百褶裙的小马,那种民间舞蹈使用的道具小马。房间中,有一位腼腆的先生,他就是将军。他脱下上衣、圆顶礼帽和手套。伊尔玛在他旁边。

将军(指着帽子、上衣和手套):别留在这儿。

伊尔玛:我们会叠好、装起来。

将军:让它们消失吧。

伊尔玛:我们会收拾的,甚至可以把它们烧掉。

将军:啊是吗?可以吗?我愿意把它们烧掉!就像晚霞中的城市。

伊尔玛:您来的时候看到什么了吗?

将军:我冒着巨大危险才来到这儿。人们把大坝炸毁了,大片大片街区都淹水了。特别是军械库,火药都湿了。武器要生锈了。我不得已绕了好多路——免得绊倒在淹死的尸体上。

伊尔玛：我就不问您的看法了。每个人都有他的自由，我不关心政治。

将军：那咱们谈谈别的。最重要的是，我怎么离开这儿呢。我出去的时候天就晚了……

伊尔玛：要是天晚了……

将军：没有多余的时间了。

（翻口袋，掏出几张钞票，数了数递给伊尔玛。伊尔玛握着钞票。）

我出门时，可不想摸黑栽倒在地上。一般来说，你们不会派人送我回去吧？

伊尔玛：哎哟，还真不行。阿瑟他有事。

（很长时间的静场。）

将军（突然不耐烦地）：怎么回事，她不来了吗？

伊尔玛：我也不知道她在干吗。我是要求他们在您来之前把什么都准备好的。马已经在这儿了……我去摁铃。

将军：别管了，我去。（摁住按钮，铃声响起）

我喜欢摁铃!多么威严。啊,好像吹响冲锋号!

伊尔玛:等会儿,将军。呦,对不起,我又给您安排军衔了……等会儿,您再……

将军:嘘!别说了。

伊尔玛:您那么精神,那么年轻!那么有活力!

将军:还得有马刺,有马刺吧?我交代过你们要在我靴子上钉上马刺。靴子是棕红色的,对吧?

伊尔玛:是的,将军。棕红色的。漆皮的。

将军:漆皮的,好的,是沾着泥的吧?

伊尔玛:沾着泥的。也许还带点血呢。我交代过他们准备这些装饰了。

将军:逼真吗?

伊尔玛:逼真。

(突然,一声长长的女人的尖叫。)

将军:怎么回事?

(他想走到右侧墙板,弯下身去看看发生了什么,但伊尔玛挡住了他。)

伊尔玛:没什么。不定哪间屋里总有点冒失的举动。

将军：可是这样的女人的尖叫？说不定是求救？我热血沸腾了……我要冲过去……

伊尔玛（冷冰冰地）：别找事，您静一静。这会儿，您穿的还是便装。

将军：确实。

（又一声女人的尖叫。）

这还是挺可怕的。再说，也会妨碍我们。

伊尔玛：她干吗呢！

（她正要走去摁铃，一个非常美丽的年轻女人从里面的门走进来，红色的头发披散着。几乎露着胸脯，只穿一件黑色紧身内衣，黑丝袜，很高的高跟鞋。她拿着一整套将军服、长剑、双角帽和靴子。）

将军（严肃地）：您总算是来了！迟到了半个小时。比输掉一场战役的时间还长。

伊尔玛：她会补偿的，将军。我了解她。

将军（看着靴子）：血呢？我没看见血。

伊尔玛：血已经干了。别忘了，这是您在以前的战斗中洒上的血。好，我告辞了。你们什么都不缺了吧?

将军(看了一圈):您忘了……

伊尔玛:天哪!我真的忘了。

(她把搭在胳膊上的毛巾放在椅子上,走出门。将军走过去把门关上,锁好。刚关好门,就听见敲门声。姑娘过去开门。门后站着打手,微微缩着身子,满身汗,正用毛巾擦拭。)

打手:伊尔玛夫人不在这儿吗?

姑娘(干巴巴地):在玫瑰园呢。(改口)啊对不起,是在烈士堂。

(关上门。)

将军(恼怒地):但愿我能安静会儿。你居然迟到了,你搞什么鬼去了?我们没给你燕麦包?你在微笑吗?你在对你的骑手微笑?你认出了他的手?温柔又结实的手。(抚摸她。)我骄傲的战驹,我美丽的母马,我和你,我们多少次驰骋疆场!

姑娘:还会有很多次!我掌铁的蹄子,我矫健的四肢,渴望踏遍整个世界。脱掉您的裤子和鞋吧,我给您更衣。

将军（拿起马鞭）：好啊，但你先跪下！跪下！来吧，来，弯腿，弯……

（姑娘抬起胳膊直立着，发出欢快的马嘶声，然后四肢朝地跪下，像马戏团的马一样，跪在将军面前。）

太棒了！太棒了，小鸽子！你什么都没忘。现在，你要帮我，要回答我。你要像驯顺的小母马一样帮他的主人解开衣扣，脱去手套，迅速完成他的要求。那就先给我解开鞋带吧。

（在接下来的整场戏中，姑娘帮将军脱去原来的衣服，把他打扮成一个将军。更衣完毕时，由于戏装的特效，人们感到将军变得极为高大：内增高的厚底靴、夸张的垫肩和浓重的妆容。）

姑娘：您左脚一直肿着呢？

将军：是的，这是我先迈步的脚。踩踏顿足的脚。就像你蓄势待发时伸出的那只马蹄。

姑娘：我该做什么了？给您解扣子？

将军：你是马还是文盲啊？听不懂"蓄势待发"吗？如果你是马，就反复仰几次头，作出蓄势待发的样子。帮我拉一下。小点劲儿拉,你又不是干农活的马。

姑娘:我做我该做的。

将军:你要造反吗?现在就造反了?等我穿戴好了再收拾你。等我把马嚼子勒到你嘴里……

姑娘:哦不,不要这东西。

将军:一个将军,被他的马发号施令!我要给你戴上嚼子、辔头、马鞍、腹甲。我足蹬皮靴、头戴钢盔,扬鞭策马向前冲!

姑娘:马嚼子,太可怕了。它把牙床和嘴角勒出血来。我会口淌鲜血。

将军:吐出玫瑰色的泡沫,迸发火焰般的力量!啊多么酣畅的驰骋!越过黑麦田、踏过苜蓿地、来到大草原、穿过尘土飞扬的大道,翻山越岭,昼夜不息,从黎明到黄昏,从黄昏……

姑娘:把衬衫塞裤子里,拉紧裤子背带。装扮一位将军可不是件容易事,一位常胜将军,要被人厚葬的将军。您要长刀吗?

将军:让它留在桌子上吧,就像拉法耶特将军的长刀①。人人都能看到它。不过,先把我的衣服藏好。藏哪儿?我怎么知道。应该准备了一个隐蔽的地方吧?

(姑娘把衣服叠成一堆,藏在沙发椅后。)

长上衣呢?好的。所有的勋章都在上面吧?数一数。

姑娘(很快数完):都在,将军。

将军:战争呢?战争在哪儿?

姑娘(温柔地):战争快来了,将军。这是果园的夜晚。天空寂静,泛着玫红的霞光。刹那间的和平,鸽子咕咕叫着,大地沉浸在战斗前的宁静中。一颗果子落到草地上。这是一颗松果。整个世界都屏住了呼吸。战争打响了。美好的夜晚……

将军:但是,突然间!

姑娘:我们在草原边上。我向前飞奔,发出嘶

---

① 拉法耶特将军(Marquis de Lataycette,1757—1834),法国贵族,曾支援美国独立战争,在约克镇战役中决定性地击败英军,获得极大声誉。1824 年,拉法耶特将军赴美访问,被当作英雄接待,受到美国人的热烈欢迎,并获赠荣誉佩剑。他不愿戴在身上,而是把剑摆在桌子上。——译注

鸣。你温热的大腿夹住我的肋骨。死亡……

将军：但是，突然间！

姑娘：死亡全神贯注地看着人们。将一根手指竖在唇上，让人们别作声。终极的善照亮了所有的事物。而你，你不再注意到我的存在……

将军：但是，突然间！

姑娘：你自己扣上扣子吧，将军。池塘里的水静止无声。连风都在等待命令去鼓起战旗……

将军：但是，突然间！……

姑娘：突然间？嗯，突然间？（看上去是在想词儿。）啊对了，突然间，一片刀光火海！寡妇们啊！要织出多少锦缎做战旗。在黑纱背后，母亲和妻子们泪眼已干涸。大钟从炸毁的教堂钟楼里滚落下来。街道拐角处，一块蓝布让我心惊胆战！我扬起前蹄直立起来，但在你温柔而厚重的手掌的拍打下，我不再战栗。我重新踏上征程。我多么爱你啊，我的英雄！

将军：但是……死去的人们呢？难道没有死人吗？

姑娘：士兵们亲吻着战旗死去。而你只有胜利和善。一天晚上，你记得吗……

将军：我是那么仁慈，我降下了一场大雪。雪花洒在我的士兵身上，让他们沉入最轻柔的裹尸布中。下雪了吗！最终的惨败！

姑娘：炸开的炮弹截掉了脑袋。终于，死神开始行动。他灵敏地从一个人跳到另一个人，挖开一个伤口、合上一只眼睛、揪掉一条胳膊、割开一道动脉，让一张脸变成铅灰色，让一声叫喊或一声歌唱戛然而止。终于，死神也没什么可干的了，他筋疲力尽，自己也快累死了。他昏昏欲睡，轻轻枕在你的肩头，就在那儿睡着了。

将军（喜悦而陶醉）：停一下，停一下，还没到时候呢，但我感觉会非常精彩的。肩带呢？好极了！

（看着镜子中的自己。）

瓦格拉姆战役①！将军！我是战神，我就在我纯

---

① 瓦格拉姆战役，1809 年 7 月 3 日第五次反法同盟与拿破仑军队的最后一战。法皇拿破仑率兵 17 万渡过多瑙河，进入奥地利卡尔大公的伏击圈，经过两天剧烈的反复冲杀，奥地利军队无力歼灭法军，被迫撤围。虽然双方伤亡差不多，但由于不久后奥地利求和，这次战役成为拿破仑的最后一次绝对性胜利。——译注

粹的外表中。我身后已无一兵一卒。只有我在这里出现。我身经百战而没有死去,千难万苦而没有死去,逐级晋升而没有死去,就是为了在这一刻,如此接近死亡。

(突然他停住了,好像有什么想法让他很忧虑。)

小鸽子,告诉我。

姑娘:什么,先生?

将军:警察局长在哪儿呢?(姑娘摇了摇头表示不知道。)没消息?一直没消息?一句话,他屁事都不干。那我们呢,我们是在浪费时间吗?

姑娘(威严地):当然不是浪费时间。不管怎样,这些事和我们没关系。您继续。您刚说到:为了这一刻,如此接近死亡……然后呢?

将军(犹豫地):……接近死亡……在死亡中,我什么都不是,只是无穷地映照在镜子中的我的形象……你是对的。梳梳你的马鬃,刷刷你的毛皮。我的母马必须打扮得漂亮。过一会儿,号角响起时,我们就走下去,我骑着你,走向荣耀与死亡。因为我就要死了。我们走入的,正是坟墓……

姑娘：可是，将军，你从昨天起就已经死了。

将军：我知道……但这是一次隆重的下葬，优美如画，沿着难以计数的台阶……

姑娘：你这位死去的将军，可真是滔滔不绝。

将军：就是因为死了才能说，你这多嘴的马。正在说话的，以如此优美的声音正在说话的，是一个范本。我现在只是我曾经所是的自己的形象。现在，该你了。你要低下头，垂下眼睛，因为我要做一个孤独的将军。这甚至不是为了我，而是为了我的形象，而我的形象是为了它的形象，以此类推，以至无穷。总之，我们都是等同的。小鸽子，你准备好了吗？

（姑娘点点头。）

好的，来吧。穿上你红棕色的长裙，我美丽的西班牙母马。

（拿着道具小马掠过姑娘头顶，接着抽响了一声马鞭。）

致敬！（向镜子中自己的形象敬礼。）永别了，将军！

（然后平躺到沙发椅上，双脚放在另一只椅子上，直挺挺地保持着僵尸般的姿势，向观众敬礼。姑娘置身于椅子前，四肢着地，原地不动地作出马儿踏步的姿势。）

姑娘（庄严、悲伤地）：送葬的队伍出发了……我们穿过城市……我们沿河前行。我心悲伤……天空低沉。人们为这样一位战死疆场的伟大英雄哭泣。

将军（突然一惊）：小鸽子！

姑娘（含泪转过头）：将军！

将军：再告诉他们一句，我是站着死去的！

（恢复刚才的姿势。）

姑娘：我的英雄是站着死去的！送葬的队伍继续行进。你的副官们走在我前面……我就在这里，我，小鸽子，你的战马……军乐团奏响哀乐……

（姑娘哼唱着肖邦的《葬礼进行曲》，像马一样原地踏步，幕后铜管乐团响起，继续演奏《葬礼进行曲》。

远处，一阵机枪扫射声。

导演可以把一副缰绳套在姑娘的双肩上，绳子另一头连着沙发椅,椅子腿装上轮子。将军躺在椅子上。这样,姑娘拖着沙发椅,一组人物及道具一起离开舞台。)

第四场

布景

(一个房间,三面可见的墙板是三面镜子,镜子里映照出一个流浪汉模样的小老头,但头发梳得很整齐。小老头站在房间中央静止不动。

他身边是一个非常漂亮的红头发姑娘,一副冷淡的表情。穿着紧身皮胸衣,皮靴。赤裸的大腿美艳迷人。外罩皮草大衣。她在等待。小老头也在等待。他有点不耐烦,紧张不安。姑娘静止不动。

小老头颤抖地脱下他破了洞的烂手套。从兜里掏出一块白手帕擦了擦汗。他摘下眼镜,将眼镜折好放进眼镜盒,又把眼镜盒放进口袋里。

他用手帕擦了擦手。

小老头所有的动作都映照在三面镜子里。

终于,里面的房门被敲响了三下。

红头发姑娘走近房门,说:"进来。"

门打开了一点,从门缝中伸出伊尔玛夫人的手和胳膊，拿着一支掸衣拂和一顶很脏的蓬乱的假发套。

姑娘接过这些，门又关上了。

小老头顿时容光焕发。

红发姑娘显得极其傲慢和残酷。她粗鲁地把假发套套在小老头头上。

小老头从口袋里掏出一小束假花。他拿着花，好像要送给姑娘。姑娘一鞭子把花打落。

小老头的脸闪现着温柔的情意。

很近的机枪扫射声。

小老头（摸了摸假发）：虱子呢？

姑娘（凶巴巴地）：有啊，在那儿呢。

第五场

布景

（伊尔玛的房间。摆设十分典雅。这正是前三场戏的镜子里反射出的房间。同样的大吊灯。巨大的花边帷幔从舞台顶部垂下。三把沙发椅。左侧是大窗户，窗户旁边是伊尔玛窥视各个房间的仪器。

右侧和左侧各有一道门。

她坐在梳妆台前，正在算账。

她身边坐着一个姑娘：卡门。

机枪扫射声。）

卡门（数着钱）：主教……两千……法官两千……（抬起头。）没有，夫人，一直都没有警察局长。

伊尔玛（气恼地）：会有的。如果有人……在气头上扮演了警察局长！尽管……

卡门：就像您说的：什么人都有，才能组成一个世界。可就是没有警察局长。（又开始数钱。）将军两千……水手两千……糟老头儿三千……

伊尔玛：卡门，我跟你们说过，我不喜欢你们这样叫他。我要求你们必须尊重来访者。来——访——者！我甚至不允许我自己（强调"我自己"三个字）称他们为顾客。尽管如此……

（她甩着手里抓的一沓钞票，啪啪作响。）

卡门（转向头看着伊尔玛，强硬地）：对您来说当然是了。既要钞票又要文雅！

伊尔玛（想要和好）：瞧你那眼神！别那么没良心。你最近火气好大。时局动荡，搞得我们大家都紧张透顶，不过总归会平静下来的。明媚的太阳还会升起。乔治先生……

卡门（和刚才同样的语调）：啊，他呀！

伊尔玛：别说警察局长的坏话。没有他，我们已经下葬了。是的，我们，因为你和我是拴在一起的。所以也和他拴在一起。（久久的沉默。）你老是闷闷不乐，特别让我担心。（郑重得有点夸张）你变了，卡门。暴动还没开始你就……

卡门：我在您这儿也干不了什么了，伊尔玛夫人。

伊尔玛（不安地）：可是……我连账目都交给你了。你在我书房里办公，一下子，我的生活全部向你敞开。我什么秘密都没有了，你还不开心？

卡门：自然，我感谢您的信任，可是……这不是一回事。

伊尔玛：你想干那个了？（卡门沉默无语。）不是吗，卡门，当你登上覆盖着白雪和黄色纸玫瑰的岩石——我一会儿得把这些遗留下的道具放到地窖里去——当被神迹临幸的人在你脚下昏了过去，你不会当真了吧？说话呀，卡门。

（短暂的沉默。）

卡门：我们演完后，您从来不允许我们谈论这些，伊尔玛夫人。所以您根本不知道我们的真实感受。您远远地观察着这一切，高高在上，可是假如有一次您穿上长裙、戴上蓝色的面纱，扮演一次衣衫不整的悔罪的女人，或者将军的母马，或者倒在稻草堆里的农妇……

伊尔玛（震惊地）：我？

卡门：或者系着粉色围裙的侍女，或者被宪兵强暴的女公爵，或者……我就不跟您一一列举演员表了。总之，只要您扮演过一次，您就会知道这在灵魂中会留下些什么。您就会知道要想从中解脱，必须得有点自嘲的幽默感。可是您甚至都不许我们互相之间聊起这些。我们笑一笑、开个玩笑您都害怕。

伊尔玛（非常严肃地）：确实，我不允许开玩笑。要是笑出来了，哪怕只是微微一笑，就全毁了。笑意味着怀疑。顾客们想要庄严肃穆的仪式。我的厅堂是严肃的场所。可我还允许你们打牌呢。

卡门：您不要对我们的悲伤感到惊讶。（停了一会儿）我想我女儿了。然后就想打嗝。

（听到一声铃声，伊尔玛站起身，走到左侧一个奇怪的仪器前，像一个带着监视孔、听筒和很多开关的监视系统。各处都在发出声音，她按下一个开关，眼睛盯着监视孔看。）

伊尔玛（不看卡门）：每次我问你带点隐私的问

题，你的脸就僵了，把你女儿推出来作挡箭牌。你还非要去看她吗？别傻了！从咱们这里到乡下你女儿的奶妈家，中间是一片火海，暴动骚乱和刀光血影。我觉得即使……

（又一声铃声。伊尔玛夫人关上那个开关又按开另一个……）

……乔治先生不会在半路上被干掉把。尽管警察局长应该懂得保护自己。他很狡猾的，我的乔乔！

（从胸衣里掏出一块表看了一下时间。）

他迟到了。（显得很担心。）也可能他没敢出门。他又狡猾又胆小。

卡门：为了来到您的包房，那些先生们无所畏惧地穿过枪林弹雨，我呢，为了去看我女儿……

伊尔玛：无所畏惧？得了吧。是带着让他们兴奋的恐惧。在熊熊烈火的铜墙铁壁后面，他们嗅到了纵欲狂欢的气味。咱们继续算账，好吧？

卡门（沉默片刻）：算上那个水手，还有一些小活儿，总共是三万二。

伊尔玛：街上被打死的人越多，男人们就越多地光顾我这里……

卡门：男人们？

伊尔玛（沉默片刻）：一些男人。被我的镜子和吊灯召唤的男人，总是那几张熟脸。其他的男人呢，当英雄的热情代替了玩女人的热情。

卡门（苦涩地）：女人？

伊尔玛：那我叫你们什么呢，我的大高个儿大长腿不生孩子的姑娘们？男人们怎么撒种，你们也不会多产……但要是没有你们呢？

卡门（钦佩又奉承地）：没有我们，您也有您的好戏，伊尔玛夫人。

伊尔玛：正是这些冰冷的戏让我悲伤。幸亏，我还有些珠宝。不过也怕是保不住了。（梦呓般地）我有我的好戏……那你呢，你有你的享乐……

卡门：享乐一点用也没有，老板。我只有爱我的女儿。

伊尔玛（很专横地）：你像个遥不可及的公主，给她带来玩具和香水。她以为你是从天堂来的（笑出声。）哈哈，太绝了，我的妓院，一座地狱，对某个人来说竟然是天堂！这就是你女儿心目中的天堂！（笑）以后你让她也当妓女吗？

卡门：伊尔玛夫人！

伊尔玛：就该这样。我就该把你留在你的暗娼窝，你的粉红色的、有情有义的烂窑子……你觉得我残忍吧？这场暴动把我也搞得神经不正常了。你想不到我度过了多少恐惧慌乱的时刻……我觉得暴动最后的目标不是攻占皇宫，而是洗劫我的包房。我害怕，卡门。尽管我什么办法都试过了，甚至祈祷，可我还是害怕。（苦笑。）就像你那被神迹临幸的人。我伤害你的自尊心了吗？

卡门（直言不讳地）：每周两次，周二和周五，我都扮成卢尔德的不染原罪的圣母玛丽亚[①]向一个里昂信贷银行的会计员显灵。对您来说，这不过是柜台里的钱，是妓院的合理收入，可对我来，这

---

① 卢尔德（Lourdes），亦译露德，是法国西南部比利牛斯省的城镇，法国乃至欧洲最著名的天主教朝圣地。据说1858年，有个叫贝纳黛特的少女在镇子附近的山洞中十八次看到圣母玛丽亚显灵。从此，小镇成为天主教圣地。——译注

是……

伊尔玛（惊讶地）：你自己同意干这活儿的。当时你也没显出不乐意呀！

卡门：我当时觉得挺幸福的。

伊尔玛：那不就得了？哪里不妥了？

卡门：我看到了我对我的会计员产生的影响。我看到他像灵魂附体一样迷醉，汗水淋漓，发出嘶哑的喘息……

伊尔玛：好了，别说了。他再也不来了。我还在想是为什么呢。可能是因为太危险，或者是被他老婆发现了？（停了一下。）说不定，他已经死了。你专心算账吧。

卡门：您的账本永远也代替不了我的幻想。我的幻想变得像卢尔德的神迹一样真实。现在，我的所思所想都在我女儿身上，伊尔玛夫人。她身处一座真正的花园里……

伊尔玛：你没法去跟她团聚，要不了多久，这座花园就只留在你心里了。

卡门：住嘴！

伊尔玛（无情地）：满城都是尸体。所有的道路都切断了。连农民都支持暴动者了。真不明白是为什么。是被传染了吗？暴动是一种传染病，像传染病一样致命又神圣。不管怎样，我们这些人都会越来越孤立。暴动者痛恨教士、痛恨军人、痛恨法官，也痛恨我，伊尔玛，一个老鸨和妓院老板。你呢，你会被杀掉，被开膛破肚，然后一个高尚的暴动分子会收养你的女儿。我们都得接受这样的下场。（战栗。）

（突然铃声响起。伊尔玛跑到监视器前，像刚才一样看着，听着。）

24号包房，沙漠厅。出什么事了？

（仔细窥视。长时间的沉默。）

卡门（坐在伊尔玛的梳妆台前继续算账。头也不抬地）：在演外籍军团吗？

伊尔玛（眼睛一直对着监视孔）：是啊。一个外籍军团的英雄，困在沙漠里。

瑞琪尔这个笨蛋刚把一支箭射到他的耳朵上了。他可能要破相了。亏他想得出来，让咱们的姑娘扮成阿拉伯人朝他射箭，然后他保持立正姿势在沙堆上死去——如果这也能叫死的话!

（沉默。仔细窥视。）

啊，瑞琪尔在给他包扎呢。她给他系绷带，那个家伙看上去很幸福。（兴致勃勃地）瞧，他好像很享受。我觉得他会想改剧本的，以后，他可能就要死在战地医院里了，在一个女护士身边……要去买新的制服了。又得花钱。（忽然担心起来）哎呀，我可不喜欢这样。一点也不喜欢。瑞琪尔越来越让我担心了。她可别像尚达尔一样给我出岔子。（转向卡门）对了，还是没有尚达尔的消息吗？

卡门：完全没有。

伊尔玛（继续凑近监视孔）：这玩意儿不灵了！这家伙跟她说什么？他在解释什么……她在听着……她懂了。我担心他也懂了。

（又一声响铃。她摁下另一个开关，观察着。）摁错了吧。是那个水管工，他要走了。

卡门：哪一个？

伊尔玛：那个真的。

卡门：哪个是真的？

伊尔玛：那个修水龙头的。

卡门：另一个是假的？

伊尔玛（耸耸肩，又摁下第一个开关）：嘀，我说的真没错：耳朵刚流了几滴血，他就来精神了。现在正在被爱抚呢。明天他去他的使馆上班，保准心情舒畅。

卡门：他已经结婚了吧，是吗？

伊尔玛：原则上，我不愿谈论来访者的私生活。我们"大阳台俱乐部"可是享有盛誉的，这是最专业也最正派的幻觉宫殿。

卡门：正派？

伊尔玛：至少是谨慎吧。不过实话告诉你，虽然这不太谨慎：他们几乎都是已婚男人。

（沉默。）

卡门（沉思）：他们和自己心爱的老婆亲热时，会不会还保留着一点婊子窝的淫乐味道呢……

伊尔玛（提醒她说话规矩点）：卡门！

卡门：抱歉，夫人……是幻觉宫殿，不是婊子窝。我的意思是，幻觉宫殿的享乐是不是已留在他们脑海的最深处,遥远而微小,却时刻存在着?

伊尔玛:有可能,我的小家伙。应该是在他们的脑海里。就像国庆节剩下的彩纸灯,等待着下一个节日的到来。或者,就像一个难以察觉的城堡的难以察觉的窗户,散发出的难以察觉的微光,他们可以一下子就调亮这束光,置身于光明中。(机枪扫射声。)你听到了吗?他们逼近了。他们想打垮我。

卡门(继续沉思):住在一座真正的大房子里应该很美吧。

伊尔玛(越来越恐惧地):在乔治来到这里之前他们就要把妓院包围了……如果咱们能逃过这一劫的话,别忘了一件事,就是咱们的墙包得不够严实,窗户缝也没有封好……要是我们能听见街上的所有动静,那人家从街上也能听见我们这儿的所有动静……

卡门(仍在沉思):住在一座真正的大房子里,一定很舒服……

伊尔玛:你去试试呗。可是,卡门,要是我的姑娘们都像你这样想,那妓院就倒闭了。我觉得你确实是怀念演戏了。这样吧,我可以帮你个忙。我原已答应把这个角色给瑞琪尔了,但可以让给你。当然如果你愿意。昨天,有人给我打电话,要求一个姑娘扮演圣德兰修女①……(沉默)噢,你以前扮演的是圣母玛利亚,从圣玛利亚到圣德兰,确实有点掉价,不过也很不错了……(沉默)你没什么话要说吗?这个客人是个银行家,很干净,你明白的。不勉强。我只是提议。当然,如果这场暴动能被镇压下去。

卡门:我很喜欢我的长裙,我的面纱和玫瑰丛。

伊尔玛:圣德兰修女的戏里也有玫瑰丛。想想吧。

(沉默。)

卡门:有什么真实的细节吗?

伊尔玛:有戒指。全都准备好了。结婚戒指。你知道每个修女都戴着一枚戒指,她们是上帝的妻子。

(卡门表现出吃惊的样子。)

---

① 圣德兰修女(1515—1582),西班牙神秘主义者、加尔默罗会修女,主张通过默祷过沉思生活。赤足加尔默罗会的创建者之一。——译注

是的。这样上帝才能知道侍奉他的是一个真正的修女。

卡门：虚假的细节呢？

伊尔玛：还是老一套，你的粗布裙下面要露出黑色蕾丝内衣。怎么样，你同意吗？你是他喜欢的温柔型的，他会满意的。

卡门：您对他真好，这么为他着想。

伊尔玛：我是为你着想。

卡门：您真好。我这么说绝没有讽刺的意思，伊尔玛夫人。您的幻觉宫殿给人带来安慰。您把人们内心的秘戏排演出来……而您自己总是脚踏实地。您赚了很多钱，这就是证明。而他们……醒过来回到现实的那一刻应该会很艰难。刚一结束，他们就想重新开始。

伊尔玛：幸亏是这样。

卡门：……一切重新开始，总是同样的故事。他们想永远也不从里面走出来。

伊尔玛：你根本没搞明白。从他们的眼睛里我能看出来，故事一完，他们的头脑就清醒了。一下子，他们就能理解数学问题了，也能爱他们的孩子和国家。和你一样。

卡门（骄傲地）：我是军官的女儿。

伊尔玛：我知道。每个妓院里都一定得有个军官的女儿。不过你想想，将军、主教和法官在生活中……

卡门：您说的是哪些将军、主教和法官？

伊尔玛：那些真的。

卡门：哪些是真的？咱们这儿的那些吗？

伊尔玛：另外的。生活中的那些。他们在现实和日常的泥浆里摸爬滚打，他们是生活的列队表演中的材料。但在我们这里，戏剧和表象保持着纯粹，节日享乐是纯洁无瑕的。

卡门：我带给自己的享乐……

伊尔玛（打断她）：我了解，就是忘掉他们的享乐。

卡门：您在责备我吗？

伊尔玛：他们的享乐也是忘掉你的享乐。他们也爱他们的孩子。完事之后。

（铃声又起，如同前几次。一直坐在监视器前的伊尔玛夫人转过头，眼睛靠近监视孔，耳朵靠近听筒。卡门继续算账。）

卡门（头也不抬）：警察局长？

伊尔玛：不是，那个扮演餐厅服务员的刚到。他又要抱怨了……果然，他发火了，因为埃莲娜给了他一条白色围裙。

卡门：我早就提醒过你们，他想要个粉色围裙。

伊尔玛：要是明天市场还开，你就去一趟吧。你再给那个扮演列车员的买个鸡毛掸子。绿色的鸡毛掸子。

卡门：但愿埃莲娜别忘了把小费扔在地上。他要求很严，必须演得逼真。还要有脏酒杯。

伊尔玛：他们每个人都要求一切要尽可能地真实……尽量少一点似是而非的、显得不真实的东西。（语调一变）卡门，是我决定把这里叫做"幻觉宫殿"的，但我只是一个总管。当每个人按响门铃，走进来，带来他们绝妙的剧本，我所做的只不过是提供场地、道具和演员。卡门，我成功地让这幻觉宫殿从地面上升起来了——你明白我的意思吗？很久以前，我就放开了手，任它飞升。我剪断了线绳。它飘浮在空中。或者说，它在天上飞翔，把我也带上了天。亲爱的，让我跟你说几句温柔的话，每个妓院老鸨都总会偏爱她手下的某一位姑娘，这是一种传统……

伊尔玛：我感觉到了，伊尔玛夫人。我也是，有时候……

（萎靡地看着伊尔玛。）

伊尔玛（站起身看着她）：我在发抖，卡门。（长时间的沉默。）咱们说下去吧。亲爱的，当我在心里秘密地、却毫不含糊地把自己叫做妓院老板，幻觉宫殿就真的飞起来了，离开地面，在空中飞翔。亲爱的，我秘密地不出声地对自己重复：你是个老鸨、开窑子的。亲爱的，所有这一切，（忽然抒情地）所有这一切都飞起来了：吊灯、镜子、地毯、钢琴、塑像、我的包房，我那些著名的包房：干草堆厅，一派乡村风光；酷刑厅，溅满血和泪；王室厅，挂满百合花图案的丝绒帷幔；还有镜厅、典礼厅、香水厅、小便池厅、圆形剧场厅、月光厅，所有这些包房全都飞起来了——啊，我忘了乞丐和流浪汉厅了，那里的污秽和悲惨是那么惟妙惟肖。我还要说下去：包房、姑娘……（陶醉起来）啊！我忘了：其中最美的一间，一件绝对的珍宝、幻觉大厦的王冠——如果有一天，这大厦能够全部完工——就是我的葬礼厅。装饰着大理石骨灰瓮的葬礼厅，我庄严的死亡殿堂、坟墓、陵墓！……我还要说下去：包房、姑娘、水晶、蕾丝花边、阳台，全都升到云端，把我也带上天去。

（长时间的沉默。两个女人都静止不动，一个站在另一个前面。）

卡门：您说得真好。

伊尔玛（谦虚地）：我也就这点学识了。

卡门：我听得懂。我父亲是炮兵上校。

伊尔玛（严厉地纠正她）：是骑兵上校，亲爱的。

卡门：对不起，是骑兵上校。他本想让我受到良好的教育。唉，不说了！……您，您真是成功了。您在自己周围建起了一座豪华剧场,奢华灿烂的节日享乐围绕着您。您的婊子世界必须有这样的排场。而我,我难道只有我自己,只是我自己?不,夫人。由于男人们的邪恶与痛苦,我也有了荣耀的时刻!您耳朵贴着听筒,眼睛盯着监视孔,从这里就可以看到我昂首挺立,尊贵又仁慈,充满母性光辉又带着女人的娇媚,脚踏着硬纸壳做的蛇和粉色纸扎的玫瑰。您也可以看到那个里昂信贷银行的会计员,跪倒在我面前,我一出现他就晕了过去。可惜啊,他是背对着您的,您看不到他狂喜的眼神,也看不到我心脏的剧烈跳动。我蓝色的面纱,蓝色的长裙,蓝色的罩衣,蓝色的眼睛……

伊尔玛:褐色的眼睛!

卡门:那天我的眼睛是蓝色的。对他来说,我就是降临到他眼前的化身为人的神。在我那样的圣母扮相面前,一个西班牙人会想祷告和起誓。他对我唱着颂歌,在他眼里我已融入一片神圣的蓝色。当他把我抱上床,他所穿透的是一个蓝色的世界。可惜,我再也没有机会显灵了。

伊尔玛：我已经推荐给你圣德兰的角色了。

卡门：我还没准备好，伊尔玛夫人。我得知道那个客人会提些什么苛刻的要求。一切都安排妥当了吗？

伊尔玛：每个婊子都应当能——你别介意，咱们都聊到这儿了，就直截了当地说吧，每个婊子都应当能对付任何情况。

卡门：老板，我是您手下的一个婊子，最好的婊子之一，我引以为傲。我一个晚上能……

伊尔玛：我知道你的业绩……瞧你说出婊子这个词儿时的狂热劲儿，一遍遍地说，就好像吹嘘一个什么……什么（找词儿，找到了）……什么头衔似的。我用这个词儿的时候跟你可不太一样，这词儿对我来说就是一个职业。不过亲爱的，你是对的，应该热爱自己的行当，并以它为荣。让它发光吧。如果它是你唯一拥有的东西，就让它照亮你吧。（温柔地）我会尽力帮你的……你不仅是我的姑娘们中最完美的珍宝，也是让我寄托了所有深情的那个姑娘。你要留在我身边……要是这场暴动摧毁了一切，你就胆敢离开我吗?死亡啊——真正的、彻底的死亡,它就在我门前,在我的窗下……

(机枪扫射声。)

你听见了吗?

卡门:军队打得很勇猛。

伊尔玛:暴动者更勇猛。咱们这座房子就在大教堂墙根下,离主教宫两步路。我的人头还没被悬赏,不是因为它漂亮,而是他们知道各界显贵都在我这儿吃宵夜。他们瞄准我了。而且又没有男人住在这里。

卡门:有阿瑟先生呀。

伊尔玛:你在笑话我吗?他算什么男人,他就是我的摆设。再说,他一演完那场戏,我就得打发他去找乔治先生。

卡门:假设最不幸的事情……

伊尔玛:暴动者获胜?那我可就完了。他们是工人,没有想象力。一本正经的,或许个个都是处男。

卡门:他们很快就会习惯腐败荒淫。只要他们觉得无聊了……

伊尔玛：错了，他们不会。或者说，他们不会允许自己无聊的。我是最大的攻击目标，可你们这些姑娘就不同了。在所有的革命暴动中，总有个狂热的婊子高唱着马赛曲，重新变回处女。这会是你吗？其他婊子则像圣女一样去给垂死的伤员送水喝。然后……他们会张罗你们嫁人。你会喜欢结婚吗？

卡门：橙子花，婚纱……

伊尔玛：好样的，婊子！结婚对你来说就是乔装打扮演一场戏。我的亲爱的，你真是我们世界的人。我也没法想象你会结婚。再说，他们特别梦想着杀死我们。我们会死个痛快，卡门。我们的死将是非凡的、隆重的。他们可能会冲进包房，砸碎水晶灯，扯下绫罗绸缎，割开我们的喉咙……

卡门：他们会可怜我们的……

伊尔玛：根本不会。当他们感到自己在亵渎神灵，就更加狂热了。这帮头戴钢盔、脚蹬皮靴、邋里邋遢的家伙，他们会让我们死在刀枪和烈火下。这多美妙啊，我们不应该渴望别的结局了。而你，你还做梦想一走了之。

卡门：可是，伊尔玛夫人……

伊尔玛：当这幻觉宫殿藏身火海，当玫瑰花被匕首刺碎，你，卡门，你竟然想着逃跑！

卡门：如果我曾想过离开这里，您很清楚是为了什么。

伊尔玛：你女儿已经死了。

卡门：夫人！

伊尔玛：不管是死是活，你女儿都已经死了。想象一下她的坟墓吧，点缀着雏菊和珍珠花环，在一座花园的最深处……你可以把这座花园守护在你心里。

卡门：我多想去看看她啊……

伊尔玛（继续之前的语气）：……她的形象置身于花园的形象里……这座花园在你心里，在圣德兰燃烧的长裙下。你犹豫了吗？我为你提供了最让人向往的死亡，你还犹豫什么？你是胆小鬼吗？

卡门：您知道我很依赖您。

伊尔玛：我教你写这些数字吧！咱们像写书法一样把这些美妙的数字誊写下来，一起打发黑夜。

卡门(温柔地):战争都把人搞疯了。您说过,这是帮乌合之众。

伊尔玛(鼓舞地):乌合之众!可我们呢,我们有步兵、军队、武警、外籍军团、兵营、军舰、通信兵、号角、喇叭,我们有国旗、军旗、战旗、队旗……还有我们的人数,可正是这些把我们推向灾难!死亡?人必有一死,但会怎么死,死成什么样!……(忧郁地)除非乔治仍然大权在握……特别是他要能穿过这帮乌合之众来救我们。(深深地叹了一口气)你来帮我换衣服吧。不过,我先看看瑞琪尔那边怎么样了。

(同刚才一样的铃声。伊尔玛眼睛贴近监视孔。)

有了这个东西,我能把他们看得清清楚楚,甚至能听到他们的喘息。(沉默。观察。)耶稣基督拿着他的道具走出来了。我一直都不明白,他为什么非要拖个手提箱装着自带的绳子,把自己绑上十字架吗?也许这绳子被赐福过?他回家后把这堆绳子藏哪儿呢?再看一下瑞琪尔。(摁下另一个开关)啊,演完了。他们在聊天呢,收拾那些箭头、弓、纱布绷带、白色的军帽……不好了,我一点也不喜欢他们互相对视的样子:直勾勾地。(转向卡门)看,接触多了就会有危险。客人要是和我的姑娘暗送秋波、打情骂俏可就坏了。要是动了真情就更要命了。(机械地按下开关,放下听筒。思考着。)阿瑟应该演完他那场了。他就要过来了……帮我换衣服吧。

卡门:您穿什么?

伊尔玛:乳白色便服。

(卡门打开一个柜子,取出便服。同时,伊尔玛解开套裙扣子。)

卡门,告诉我,尚达尔她……

卡门:什么,夫人?

伊尔玛:嗯,告诉我,她的事你都知道些什么?

卡门:我去见了所有的姑娘,罗西娜、埃利亚娜、弗洛伦斯、玛丽兹。她们每人都准备了一份小报告,我已经交给您了。但她们没说出什么重要的事。前一阵,咱们还可以出去打探一下。现在仗已经打起来,就更难了。各个阵营都已经划分得清清楚楚,人们必须做出选择。和平的时候,可都是混在一起的，我们不太清楚我们背叛的是谁，甚至算不算背叛。关于尚达尔，我们什么都不知道了。都不知道她是不是还活着。

伊尔玛：卡门，告诉我，你不会感到不安吧？

卡门：一点也不会。进了妓院的门，我就抛弃了外面的世界。我就在这里，还要在这里待下去。您的镜子、您的规矩和那些男欢女爱就是我的现实。您要配什么首饰？

伊尔玛：钻石。我的珠宝，在我所拥有的一切里，只有它们是真的。其他的都肯定是假的。我有我的珠宝，就像别人有一个小女儿在花园里。谁是叛徒？你在犹豫吗？

卡门：所有这些姑娘都不信任我。我汇总了她们的报告，交给了您。您把这些交给了警察局。警察局检查了这些报告……我，我什么都不知道。

伊尔玛：你很谨慎。递我一块手帕。

卡门（拿来一块带花边的手帕）：在这里，男人用各种方式敞开自己。从这里望去，生活显得那么遥远、那么深邃，就像一部电影或像基督在马槽里诞生一样不真实。当一个男人在房间里忘乎所以,直到对我说"明天晚上我们将攻占军械库"时,我感到自己好像在读一段淫秽的涂鸦。他的行为变得这么疯狂、这么……夸张,就像以某种方式在一些墙面上刻画的内容一样①……不,我并不谨慎。

(有人敲门。伊尔玛大惊。她赶紧跑到监视器旁摁下一个按钮,仪器收进了墙里,看不见了。在下面和阿瑟的戏中,卡门继续帮伊尔玛脱衣服和穿衣服,这样,当警察局长进来时,她已经打扮完毕。)

伊尔玛:请进!

(门开了,打手走了进来,下面他被叫作"阿瑟"。典型的皮条客打扮:浅灰色西装、白色毡帽等。他系好领带。

伊尔玛仔细打量他。)

你那场戏演完了?很快嘛。

阿瑟:完了。小老头正穿衣服呢。他已经筋疲力

---

① 伽里玛出版社"七星丛书"《热内戏剧集》米歇尔·高尔万(Michel Corvin)的注释版,认为此处是暗指男厕所墙面的涂鸦。——译注

尽了。半小时两场戏。街上子弹横飞的，我真不知道他还能回到他的旅馆吗。（模仿第二场戏中的法官）米诺斯在审判你……米诺斯在裁决你……刻耳柏洛斯？……汪！汪！汪！（张牙舞爪，笑了起来。）警察局长还没到吗？

伊尔玛：你没下狠手吧？上次，那个可怜的小家伙躺了两天。

阿瑟：别装女善人了，也别装假婊子。上回和这回，她都算得很清楚：钞票和挨揍，有赚就有赔。那个银行老板想在她背上看到鞭痕，我就抽了。

伊尔玛：你不会抽快活了吧？

阿瑟（强调地）：跟她不会，我只爱你。干活就是干活。我干活可是很认真的。

伊尔玛（威严地）：我不是嫉妒那个姑娘。我只是不喜欢你把人给打伤了，搞得越来越难恢复。

阿瑟：有好几次，我想在她背上画点紫红色的长道道，可是不行啊。一进去，那个老家伙就要把她检查一遍，必须完好无损。

伊尔玛：画上去？谁允许你这么干的？（对卡

门）拖鞋，亲爱的。

阿瑟（耸耸肩）：多一个还是少一个假象有什么关系！我觉得还画得不错呢。不过你放心，现在我是真抽鞭子，我抽，她叫，他爬。

伊尔玛：对了，你得命令她小点声，咱们的房子都被瞄准了。

阿瑟：广播里刚宣布城北所有地区昨天夜里都沦陷了。法官想要她大声叫。主教倒没么危险，他只要宽恕罪人就满足了。

卡门：如果他的幸福就在于宽恕，他就得先强求我们犯下这些罪。其实，最好的还是那位客人，他要求把他捆起来、打他屁股、抽他，然后轻轻摇晃他，直到他打起呼噜。

阿瑟：是谁伺候他的？（转向卡门）你吗？你是不是还给他喂奶？

卡门（干巴巴地）：我的活儿干得很棒。阿瑟先生，不管怎样，您现在穿着正装，不许开玩笑。拉皮条的只咧嘴，不发笑。

伊尔玛：说得对。

阿瑟：你今天挣了多少钱？

伊尔玛（防备地）：我和卡门还没算完呢。

阿瑟：我算完了。照我的算法，差不多有两万。

伊尔玛：有可能。不管怎么样，你不用怕。我不会骗你的。

阿瑟：我相信你，亲爱的。但我身不由己，那些数字自己就排在我脑子里了。两万！战争、暴动、炮弹、霜冻、冰雹、下雨、下粪，什么都拦不住这些数字！恰恰相反，哪怕人们在附近相互残杀、妓院已经成了靶子，这些数字还在往前冲。我幸亏有你，有你在这儿，我的宝贝，要不然……

伊尔玛（直截了当地）：你会吓得瘫在地窖里不敢动。

阿瑟（模棱两可地）：亲爱的，我只不过跟别人一样，等着警察局长来救我。你不会忘了我那一小份分红吧？

伊尔玛：你整天惦记的那一份，我会给你的。

阿瑟：亲爱的！我已经订好丝绸衬衫了。你知道是哪种真丝吗？哪种颜色？就是你胸衣的那种紫红色丝绸!

伊尔玛（语气软下来）：行了，住嘴。别当着卡门说这些。

阿瑟：那，你同意了？

伊尔玛（撑不住了）：同意。

阿瑟：多少？

伊尔玛（振作了一下）：再说吧。我得和卡门算账呢。（安抚地）我尽量多给。现在，你必须立刻去找乔治……

阿瑟（带着傲慢的嘲讽）：你说什么，宝贝？

伊尔玛（干巴巴地）：请你立刻去找乔治先生。如果必要，就一直找到警察局，然后你告诉他，我只能靠他了。

阿瑟（稍有些担心）：但愿你是开玩笑吧？……

伊尔玛（突然很威严地）：我最后几句话的语气你应该听清楚了。下面我就不再演戏了。或者说，我要换个角色。而你，你也不必再演温柔的或凶巴巴的皮条客。做我命令你做的。先给我喷香水。（对拿着香水瓶的卡门）递给他。（对阿瑟）跪下！

阿瑟（单腿跪下，为伊尔玛喷香水）：到街上去？……一个人？……我？……

伊尔玛（站在他前面）：必须知道乔治怎么样了。我不能这样没有保护。

阿瑟：有我在这儿呢。

伊尔玛（耸耸肩）：我得保护我的珠宝，我的包房，还有我的姑娘们。警察局长应该半个小时前就到我这儿的……

阿瑟（哀怨地）：让我到街上去？……可是外面枪林弹雨的……（展示一下自己的套装）我刚换好衣服，想在走廊里溜达溜达，照照镜子。也想让你看看我穿上皮条客套装的样子……我只有一层绸子保护我……

伊尔玛：把手镯递给我，卡门。（对阿瑟）再给我喷点。

阿瑟：我不适合去外面，我在你的房子里待得太久了……我的皮肤都受不了外边的空气……要是我戴上面纱呢！……你觉得别人还能认出我吗？……

伊尔玛（发火，原地转动身子让阿瑟喷香水）：

贴墙根走！（稍停）拿上这把枪。

阿瑟（恐惧地）：我拿枪？

伊尔玛：放你口袋里。

阿瑟：放我口袋！我哪能开枪啊？……

伊尔玛（温和地）：你自以为是个人物了，是吗？是有钱人了？

阿瑟：有钱人，是啊……（稍停）有闲，有钱……可我要是到了大街上……

伊尔玛（威严而温和地）：好吧。别拿枪了。把帽子摘下来，我让你去哪儿你就去哪儿，回来跟我报告外面的情况。今天晚上你还有一场戏呢，你知道的吧？

（阿瑟扔掉毡帽。）

阿瑟（朝门走去）：今晚还有一场！什么内容啊？

伊尔玛：我记得跟你说过了，一具尸体。

阿瑟（厌恶地）：我演什么？

伊尔玛：不用演。你躺着不动，别人会把你裹起来。然后你就可以歇着了。

阿瑟：啊，我是演……？好吧，很好。客人呢？新来的？

伊尔玛（神秘地）：一位很有地位的人。别再问了。走吧！

阿瑟（正要出去，犹豫了，腼腆地）：不亲人家一下？

伊尔玛：等回来吧，如果能回来。

（他出门了，跪着往前挪，下场。

右边的门已经打开，警察局长没敲门就进来了。穿着厚重的皮毛大衣，戴着礼帽。抽着雪茄。卡门作势要去追阿瑟回来，但警察局长制止了她。）

警察局长：不，不，卡门，别动。我喜欢你在这儿。至于那个小白脸，让他去找我吧。

（不摘帽子，不掐灭雪茄，也不脱大衣，弯腰吻伊尔玛的手。）

伊尔玛（喘不过气地）：把您的手放这儿。（放在她的胸脯上）我都吓得天旋地转了，现在还在晃呢。我知道您在路上，随时有危险。我一直在发抖，等着您……还给自己喷上了香水……

警察局长(一边摘下帽子、手套,脱下大衣、外套):好啦,咱们不用演戏了。形势越来越严峻了——虽然还没到穷途末路,不过谢天谢地也快了!王宫已经被包围。女王藏起来了。城里一片血光火海,我能安全到这儿真是个奇迹。外面,革命暴动既惨烈又欢乐,而在这座房子里,正相反,一切都在慢慢地死去。所以,今天就是决定我命运的时刻。今夜,我要么被丢进坟墓,要么被塑造成伟人。所以,我是否爱您或是否要您,都无足轻重了。你们这里还好吗?

伊尔玛:好极了。有几出戏精彩极了。

警察局长(迫切地):什么样的戏?

伊尔玛:卡门是讲故事的天才。问她吧。

警察局长(对卡门):讲讲吧,卡门。一直是……

卡门:是的,先生,一直是那几个,那些帝国的支柱:主教、法官、将军。

警察局长(嘲讽地):我们的象征物,我们那些会说话的徽章。那,有没有……?

卡门：和以往一样，每周有一出新戏。（警察局长作好奇状。）这次是个婴儿，挨巴掌、打屁股，他大哭，然后你哄他睡觉。

警察局长（不耐烦地）：好吧，但是……

卡门：先生，他很可爱，而且很忧郁！

警察局长（气恼地）：就这些？

卡门：还很漂亮呢。当你把他的襁褓解开……

警察局长（越来越气）：卡门，你成心戏弄我吧？我是问你里面有没有我？

卡门：里面有没有您？

伊尔玛（嘲讽地，不知道对谁）：里面没有您。

警察局长：还没有吗？（对卡门）到底有没有，有没有模仿？

卡门：模仿？

警察局长：是啊，白痴！有没有模仿警察局长的？

（沉闷的静场。）

伊尔玛：还没到时候呢。亲爱的，您的行当还没有高贵到足以为幻想者提供一个令他们感到安慰的形象。或许是缺少一些光辉的楷模吧。亲爱的,您得接受这个事实:您的形象在妓院仪式中还没有出现。

警察局长:那都有谁呢?

伊尔玛(有点气恼):你知道的,你不是有他们的名单吗(伸手指头数):两个法国国王,各自有不同的加冕仪式,一个海军元帅,战舰被鱼雷击中,沉到海底;一个投降的奥斯曼帝国的阿尔及尔总督、一个扑灭火灾的消防员、一只拴在木桩上的山羊、一个从市场采购归来的主妇、一个正在盗窃的小偷、一个被抢劫被痛打的受害者、一个圣塞巴斯蒂安、一个谷仓里的农夫……就是没有警察局长……也没有殖民地长官,但有一个死在十字架上的传教士,还有显身的基督。

警察局长(沉默片刻):你忘了那个修理工了。

伊尔玛:他不来了。他拧了那么多的螺丝,都差点儿能造一台机器了。如果是在工厂里,这机器说不定都能运转呢。

警察局长:你的客人就没有一个想到过……哪怕是一闪念,没有挑明……

伊尔玛：没有。我知道您尽您所能地做了，爱与恨您都尝试过了，可荣耀总是背对着您。

警察局长（有力地）：你放心，我的形象正越来越高大，正在变成巨人。我身边的一切都在向我展现这个形象，把这个形象加诸我。可在你这里，你竟然从没见过这个形象！

伊尔玛：就算它在我这儿粉墨登场，我也看不到。这里的仪式都是保密的。

警察局长：说谎！每一个隔板后你都暗藏机关。每一面墙、每一面镜子都被做了手脚。你听着这间屋的喘息、那间屋的呻吟。妓院里的游戏首先是偷窥的镜子游戏，这可用不着我来告诉你……（很悲伤地）还是一个都没有！我要强迫我的形象和我自己分离，穿透、钻进你的包房，让它不断衍生，相互映照。伊尔玛，我的职责沉重地压着我。可是在这里，它将披着欢乐和死亡的灿烂光辉向我显现。（梦呓般地）死亡的……

伊尔玛：还得继续杀人，亲爱的乔治。

警察局长：我向你保证，我尽力了。人们越来怕我。

伊尔玛：还不够。你必须冲进黑暗的深处，冲进大粪和血污中。（忽然恐慌地）并摧毁我们残存的爱情……

警察局长（直截了当地）：我们之间一切都已经结束了。

伊尔玛：这真是个伟大的胜利。你就把你身边的一切都灭绝吧。

警察局长（恼怒地）：我再跟你说一遍，我尽力了。我努力向全国证明，我是领袖，是立法者，是创造者……

伊尔玛（忧虑地）：你疯了。要不就是你真想建造一个帝国，所以说你疯了。

警察局长（确信地）：暴动会被镇压下去，被我镇压下去，全国人民都会拥护我，女王会向我求援，什么都不能阻止我。只有到那个时候，你才会知道我是谁。（做梦似地）是的，亲爱的，我想建造一个帝国……为了让帝国给我建造一座……

伊尔玛：一座陵墓……

警察局长（微微愣住）：那又有什么不好？哪一个征服者没有陵墓呢？（兴奋地）亚历山大大帝！伊尔玛，我会有我的陵墓的。而你呢，在陵墓的奠基礼上，你将会站在最显要的位置。

伊尔玛：谢谢你。（对卡门）泡点茶，卡门。

警察局长（对正要出去的卡门）：稍等，卡门。您觉得这个想法怎么样？

卡门：先生，您是想把您的生命变成一场漫长的葬礼。

警察局长（咄咄逼人地）：生命还能是别的什么吗？您好像什么都知道似的，那您告诉我吧。在这个华丽的剧场里，每分钟都在上演一出戏——就好像这世上时刻都有一场弥撒在举行，您观察到了什么？

卡门（犹豫片刻）：严肃地说，值得一提的只有一件事：裤子要是少了它所罩住的双腿，空空地搭在椅背上，也许挺好看的；可要是没有了穿戴它们的小老头，那些戏服却死一样地悲伤。这是我们放在达官显贵灵柩上的衣冠。它们只穿在那些死不掉的行尸走肉身上，但是……

伊尔玛（对卡门）：警察局长先生没问这个。

警察局长：我已经习惯了卡门的演讲。（对卡门）说吧，但是什么？……

卡门：但是，当他们刚一看见这些花里胡哨的戏服时，我敢肯定，他们眼睛里闪现的快乐是纯洁无瑕的……

警察局长：人们都说咱们这座房子把这些家伙引向死亡。

（突然一声铃响。伊尔玛大惊。沉默。）

伊尔玛：有人开门了。这么晚谁还会来呢？（对卡门）卡门，下去看看，把门关好。

（卡门走出去。

只剩伊尔玛和警察局长，相当长的沉默。）

警察局长：我的陵墓！

伊尔玛：是我摁的铃。我想和你单独待一会儿。

（一阵沉默，他们郑重地对视。）

告诉我，乔治……（犹豫着）你还要坚持把这场戏演下去吗？别，别这样，你别不耐烦。你没厌倦吧？

警察局长：可是……我过一会儿就回去。

伊尔玛：要是你还回得去。要是这场暴动还能让你回去。

警察局长：暴动是一场戏。在这里,你看不到外面的世界。可每一个暴动分子都在演戏。而且很喜欢自己的戏。

伊尔玛：但要是他们玩得过火了呢？我是说,要是他们任由自己摧毁和取代一切呢？是,是,我知道总会有那么一个不真实的细节,在戏剧的某个时刻、某个地点提醒他们必须停下来,甚至退回去……可是一旦他们被激情冲昏了头脑,他们就什么也辨认不出来了,他们会毫无顾忌地一头扎进……

警察局长：你是想说,一头扎进现实吗？然后呢？他们会继续摸索。我和他们一样,先一头扎进戏剧给予我们的现实,因为我有个好角色,我一定要打赢这一仗。

伊尔玛：他们会是最强的。

警察局长：为什么要说"会是",因为你不能肯定！在你的包房里,我安置了我的警卫人员,这样我可以随时和各部门保持联系。够了，不说这些了。你到底是不是幻觉宫殿的女主人？好了。我来这儿是为了在你的镜子和游戏里得到满足。(温柔地) 放心吧。一切都会像以前一样的。

伊尔玛：今天，不知道为什么，我忧心忡忡的。我觉得卡门也有点怪。那些暴动分子，怎么说呢，好像有一种威严……

警察局长：他们的角色要求他们必须那样。

伊尔玛：不，不……不一定。那些从窗下走过的人气势汹汹的，却不唱歌。他们的目光充满威胁。

警察局长：那又怎么样？就算像你说的那样，你以为我就是胆小鬼吗？你觉得我应该放弃。

伊尔玛（思考着）：我没有。再说，我觉得想放弃也已经晚了。

警察局长：你有没有听到什么消息？

伊尔玛：从尚达尔那里听到过，在她逃跑之前。她说凌晨三点左右会攻占发电厂。

警察局长：你确定吗？她从谁那儿得到的消息？

伊尔玛：第四小分队的那帮游击队员。

警察局长：这很像是真的。她是怎么知道的？

伊尔玛：她就是有本事让消息泄露出来。不过只有她。别小瞧我的幻觉宫殿！

警察局长：你的窑子，亲爱的。

伊尔玛：窑子、妓院、凤楼、婊子窝，随你怎么说都行。尚达尔是唯一站到他们那一边的……她跑了。但她跑之前，把什么心里话都告诉卡门了。卡门有心计，懂得怎么生存。

警察局长：谁告诉尚达尔的呢？

伊尔玛：罗杰。那个水管工。你能想象他长什么样吗？年轻、英俊？不是！他四十来岁，矮墩墩的。眼神带着嘲讽又很严肃。尚达尔跟他闲聊，我就把他赶了出去。但已经晚了。他属于一个叫"仙女座"的组织。

警察局长："仙女座"？真行啊，暴动已经飘飘欲仙，要从人间飞走了。如果它用星座命名自己的小分队，那它很快就会人间蒸发，化作歌声了。祝愿这些歌优美动听。

伊尔玛：假如这些歌鼓舞了暴动者的士气呢？

假如他们愿意为它英勇牺牲呢?

警察局长:优美的歌会让他们变得软弱。可惜,他们的歌既说不上优美,也没有柔情。不过,尚达尔的爱是上帝的旨意。

伊尔玛:别把上帝扯进来。

警察局长:我是共济会的,所以⋯⋯

伊尔玛(明显惊呆了):你从没跟我说过,你是⋯⋯

警察局长(庄重地):我是秘密王国的崇高君主!

伊尔玛(嘲讽地):你,共济会兄弟,穿着羊皮围裙,拿着双头锤,还有风帽斗篷和大蜡烛,这也太滑稽了!(稍停)你也是!

警察局长:怎么?你也是?

伊尔玛(故作庄重,滑稽地):我是更伟大的仪式的守护者!(忽然悲伤地)既然我最终沦落到这一步。

警察局长:你又要开始回忆我们的情史了吧,每次都要来一遍。

伊尔玛（带着柔情）：不，不是回忆我们的情史，而是我们曾经相爱的时光。

警察局长：是吗？你是不是想编出一段可歌可泣的罗曼史？你要是不掺和一点想象出来的纯情回忆，我的来访就会让你觉得很乏味吧？

伊尔玛：我看重的是温情。无论是顾客的异想天开，还是我的财产，还是我为了增添新的主题包房花费的心思，还是地毯、镶金家具、水晶器具或冰冷的外物，都不能阻挡你蜷缩在我怀里的那些时刻，也不能阻止我对它们的回忆。

警察局长：你为这些时刻感到后悔吗？

伊尔玛（充满柔情）：假如这样的时刻能重现一次，我愿付出我的王国作为代价！你应该知道是哪一刻。我只需要一句真心话，就像夜晚我们看着自己的皱纹或刷牙时那样……

警察局长：太晚了。（稍停）我们永远也不可能蜷缩在对方怀里了。你终究也不会不知道，当我躺在你怀里时，我的心思都悄悄跑到哪儿去了。

伊尔玛：我知道我爱你……

警察局长：太晚了。你能离开亚瑟吗？

伊尔玛（神经质地笑）：是你把他强加给我的。你非要一个男人住进这座房子——完全不顾我的意愿——在一片处女地插进一个男人……白痴，别笑！处女，我的意思是不生育的女人。可你就是想要一根柱子、一根轴、一根阴茎，直挺挺地立在这儿。他就赖在这儿了。是你强加给我这么一个充血的肌肉墩、一个长着角斗士胳膊的吃白饭的。要是你看到他吃喝玩乐时使不完的劲，都不能想象他是个怂包。你这么愚蠢地把他强加给我，就是因为你觉得自己老了。

警察局长（淡漠的声音）：闭嘴。

伊尔玛（耸耸肩）：把阿瑟弄过来，你自己就轻松了。我也不抱幻想了。我简直是他的男人，他什么都依靠我。但我的裙子底下需要这么个粗壮无脑、花里胡哨的摆设。可以说，他就是我的身体，放在我身边的身体。

警察局长（嘲讽地）：要是我嫉妒了呢？

伊尔玛：嫉妒那个为了满足假法官而化妆成打

手的大玩偶?你在嘲笑我吗?可当你看着这个粗壮的身体压在我身上时,还挺享受的吧……我可以再跟你说一遍……

警察局长(一巴掌扇得伊尔玛倒在沙发上):不许哭!不然我就打烂你的脸,点火烧了你的妓院,烧焦你们的头发和阴毛,让你们逃到外面去。让你们这群浑身着火的婊子在城里发光。(很温和地):你觉得我做不到吗?

伊尔玛(喘息着):你做得到,亲爱的。

警察局长:好,那就给我算账去。可以扣掉阿波罗厅买纱帘的钱。你赶紧的,我还得回去加班呢。现在,我得行动起来。往下,一切就能自然发展了。我的名字就能代替我本人起作用了。那阿瑟怎么办?

伊尔玛(顺从地):他今晚就死。

警察局长:死?你是说……真的……真死吗?

伊尔玛(无奈地):你知道的,乔治,咱们这里的死。

警察局长:是吗?这是哪出戏?

伊尔玛:大臣……

（被卡门的声音打断。

幕后卡门的声音：把17号厅锁上！埃莲娜，快点！把包房降下来。不对，不对，等一下……

传来齿轮转动的吱嘎声，就像某种老旧电梯发出的声音。

卡门上。）

卡门：夫人，女王的传令官在客厅里呢……

（左侧门开，阿瑟出现了，颤抖着，衣服都撕破了。）

阿瑟（看到警察局长）：您在这儿！您顺利穿过城区了？

伊尔玛（扑到他怀里）：傻瓜！发生什么事了？你受伤了吗？……说啊！……哦，我的小傻瓜！

阿瑟（上气不接下气地）：我想着去警察局。但根本不可能。整个城里火光冲天。暴动分子几乎把所有地方都攻占了。局长先生，您肯定回不去了。我好不容易才走到王宫，看到了内务大臣。他跟我说，他会来咱们这儿的。对了，他还跟我握了手呢。然后我就往回走。女人们最激动。她们鼓动男人去抢劫去杀人。最吓人的是一个女孩,她唱着……

(一声钝响,玻璃窗被打碎了,床边的镜子也碎了。

阿瑟应声倒下,脑门中了一颗流弹。

卡门附身看他,然后又站起来。

伊尔玛俯下身,抚摸他的脑门。)

警察局长:看来,我被困在妓院里了。那我就在妓院里展开行动。

伊尔玛(俯在亚瑟身边,自言自语说):一切都在溜走吗?从我的手指缝溜走?……(苦涩地)我还剩下些珠宝、钻石……可能也长不了。

卡门(轻柔地):要是咱们的房子被炸碎……圣德兰的戏服是放在壁橱里的吗,伊尔玛夫人?

伊尔玛(站起身):左边的壁橱。但咱们得先把阿瑟搬开。我马上接待传令官。

第六场

布景

(一个广场的布景,很多阴影中的墙壁。最深处,隐隐能看到大阳台俱乐部的外墙,百叶窗紧闭。尚达尔和罗杰相互依偎着。三个男人,身着黑色服装、黑色套头衫,似乎在监视着他们。三个人都端着冲锋枪,瞄向大阳台俱乐部。)

尚达尔(温柔地):如果你愿意,就守着我,亲爱的。把我守护在你心里。等着我。

罗杰:我爱你,爱你的身体,爱你的头发,爱你的喉咙,爱你的肚子,爱你的肠子,爱你的脾气,爱你的味道。尚达尔,我喜欢你在我床上。他们……

尚达尔(微笑):他们才不在乎我呢。但要是没有他们,我就什么也不是了。

罗杰:你是我的。我……

尚达尔（生气地）：我知道，你把我从坟墓里拉了出来。可我刚刚甩掉身上的烂布条，就忘恩负义，四处寻欢作乐。我寻求刺激，然后逃走。（突然，以温柔的嘲讽语调）：可是，罗杰，我爱你，我只爱你一个。

罗杰：你终于说出来了，你要逃离我。在你愚蠢的追逐英雄主义的道路上，我跟不上你。

尚达尔：哦！哦！你是嫉妒什么人或什么事吗？人们都说我飞翔在革命之上，我就是它的灵魂和声音，而你还在地上。是这件事让你悲哀吗……

罗杰：尚达尔，请你不要这么庸俗。如果你能帮助……

（三个男人其中之一靠近他们。）

男人（对罗杰）：怎么样，行还是不行？

罗杰：要是她留在那里回不来怎么办？

男人：我只向你借用她两个小时。

罗杰：尚达尔属于……

尚达尔：不属于任何人！

罗杰：……属于我们分队。

男人：属于革命！

罗杰：你要是想要一个指引男人们向前冲的领舞女郎，你就自己造一个吧。

男人：我们找了，没找到。我们也想造一个出来：好嗓子，大胸脯，衣衫不整自由不羁的，可是她眼里没火，你明白的，如果眼里没火……我们也问了城北分队的和闸口分队的能否让我们借用一下，可人家没空。

尚达尔：像我一样的女人？另一个？我只有一张猫头鹰脸和一副破锣嗓子，我恨谁才会把它们送给谁或借给谁。除了我的脸、我的嗓子和内心里中了毒的善良，我什么都不是。我还有两个热门的竞争对手吗，另外两个脏货？只要她们来，我就把她们打趴下，谁也不是我的对手。

罗杰（发怒）：我把她拉出来——从坟墓里拉出来。她却快要离开我，爬到天上去了。要是把她借给你们……

男人：我们不想别的。就算我们带她走，也只是租用一下。

尚达尔（被逗乐了）：多少钱？

罗杰：就算把她租给你们，去歌唱，去引领你们的队伍，可要是她被打死，我们也会完全失败。没人能取代她。

男人：她已经同意了。

罗杰：她已经不再属于她自己了。她是我们的。她是我们的标志。你们的女人只能抢东西、运石头、换弹药。我知道，这也很有用，可是……

男人：你要我们用多少女人跟你换？

罗杰（思考着）：街垒前一个高歌的女人，有这么昂贵吗？

男人：多少？十个女人换尚达尔？（沉默）二十？

罗杰：二十个女人？你们准备用二十个折价的女人，二十头牛，二十只牲口跟我换尚达尔吗？这么说，尚达尔是个特殊人物？你知道她是从哪儿来的吗？

尚达尔（对罗杰，激烈地）：每天早上我回去，因为夜里我像烈火一样燃烧，早上我回到我的破屋子里睡觉，一个人贞洁地睡，亲爱的，用红酒把自己灌醉。我用我沙哑的嗓音、假装的愤怒、迷醉的眼睛、描画的光彩、浓黑的卷发，去安慰和鼓舞那帮乌合之众。他们将取得胜利，这就是我的胜利最滑稽的地方。

罗杰（思考着）：二十个女人换尚达尔？

男人（毫不含糊地）：一百个。同意吗？

罗杰（一直在思考）：我们靠她才能取胜。她已经成为革命的化身……

男人：一百个。你同意吗？

罗杰：你要把她带到哪儿去？要她做什么？

尚达尔：你放心，我命好。至于其他的，你知道我的力量。人们爱我，听从我，跟随我。

罗杰：她要做些什么呢？

男人：差不多什么都不用做。你知道，我们黎明时要攻打王宫。尚达尔第一个进去，然后在阳台上高歌。就这些。

罗杰：一百个女人。一千个，或许更多。她已不再是一个女人。人们因狂怒和绝望把她塑造成一个价值非凡的东西。尚达尔凝结成一个形象，是为了反抗另一个形象。斗争不再发生在现实中，而是在竞技场里。在徽章的蓝底子上。这是寓言和寓言的较量。我们谁也弄不清起义的原因了。所以它肯定会走到这一步。

男人：怎么样？行吗？尚达尔，回答啊，你自己来回答。

尚达尔（对男人）：你离远点，我还有话要和罗杰说。

（三个男人分散开，退到阴影中。）

罗杰（激烈地）：我把你偷出来不是让你变成独角兽或双头鹰的。

尚达尔：你不喜欢独角兽吗？

罗杰：我从来没和独角兽做过爱。（抚摸她）也没和你做过。

尚达尔：你是想说，我不知怎么去爱吗。我让你失望了。可是我爱你。而你，用一百个粗壮女工作交换，就把我租出去了。

罗杰：原谅我。我需要她们。可是我爱你。我爱你却不懂得怎么跟你说,我不会唱歌。唱歌是最后一招。

尚达尔:天亮之前,我就得走了。城北分队要是成功了,一小时后女王就会死。警察局长也就完了。要不然,咱们永远也走不出这混乱。

罗杰:再等一会儿,我的爱人,我的生命。现在还是黑夜呢。

尚达尔:这是黑夜被白天消融的一刻,我的小鸽子,让我走吧。

罗杰:没有你,每分每秒我都难以忍受。

尚达尔:我们不会分开的,我向你发誓。我对他们说话只会冷冰冰的,同时向你低声倾诉爱的细语。你在这里都会听见我,我也会听见你。

罗杰:他们可以扣留你,尚达尔。他们很厉害。人们都说,他们像死神一样厉害。

尚达尔:别怕,亲爱的。我知道他们的厉害。你的甜蜜和温柔更厉害。我会严厉地跟他们讲话,告诉他们人民要求的是什么。他们会听我的,因为他们会感到害怕。让我走吧。

罗杰（大喊）：尚达尔，我爱你！

尚达尔：就是因为我爱你，我才得赶紧离开。

罗杰：你爱我吗？

尚达尔：我爱你，因为你温柔又甜蜜，可你又是最坚强最严肃的男人。你的甜蜜和温柔让你变得像纱一样轻，像雾一样细，像幻想一样飘渺。你结实的肌肉、你的胳膊、你的腿、你的手比白昼转入黑夜的那一刻更虚幻。你覆盖了我，我又包容了你。

罗杰：尚达尔，我爱你，因为你坚强又严肃，可你又是最温柔最甜蜜的女人。你的甜蜜和温柔让你变得像教训一样严厉，像饥饿一样残酷，像冰块一样坚硬。你的乳房、你的皮肤、你的头发比正午的阳光更真实。你覆盖了我，我又包容了你。

尚达尔：当我到了那儿，当我跟他们说话时，我在心里会听到你的叹息、你的哀怨和你的心跳。让我走吧。

（他拉住她。）

罗杰：你还有时间。墙壁上还有大片阴影。你从主教官后面走。你认识路的。

暴动分子之一（低声地）：时间到了，尚达尔。天亮了。

尚达尔：你听到了，他们叫我了。

罗杰（突然恼怒地）：可为什么是你？你永远也不懂怎么跟他们说话。

尚达尔：我比任何人都懂。我有天赋。

罗杰：他们老练、狡猾……

尚达尔：我会编排姿势、态度和话语。他们还没说一个字，我就能明白他们的意图。你会为我的胜利感到自豪的。

罗杰：让其他人去吧！（对暴动者们大叫）你们去吧。要是你们害怕，就让我去。我去告诉他们，他们必须屈服，因为我们就是法律。

尚达尔：别听他的，他醉了。（对罗杰）他们，他们只知道战斗，你却只知道爱我。这是你学会扮演的角色。而我，和你不一样。妓院对我来说至少还是有点用处的，因为它教给了我做假和演戏的艺术。我有那么多角色要扮演，所以我对这些角色差不多都很了解。而且我有过那么多搭档。

罗杰：尚达尔！

尚达尔：我的搭档都那么老练、那么狡猾、那么能说会道,所以我的知识、计谋和口才没人能比。不论女王、英雄、法官、主教、将军、英勇的军队……我都能应付自如,还能骗过他们。

罗杰：你了解所有的角色,是吗?刚才,你是在跟我对台词吗?

尚达尔：这学起来很快。你自己……

(三个暴动分子靠近他们。)

暴动分子之一(拉过尚达尔):说得够多了。走吧。

罗杰：尚达尔,别走!

(尚达尔走远了,被暴动分子们带走。)

尚达尔(嘲讽地):我覆盖你,我包容你,亲爱的……

(被三个男人推搡着,她消失在大阳台俱乐部的方向。)

罗杰(独自一人,模仿尚达尔的声音):我有过那么多搭档,他们都那么老练、那么狡猾……(恢复自己的声音）她必须迎合他们，给他们一个回答。一个他们想要的回答。再过一会儿，她就会遇到狡猾又老练的搭档。她就是他们所期待的回答。

（他说这些话时，布景向左移动，舞台渐暗，他自己也边说边走开，退回幕布后。当灯光再次亮起，已是下一幕的布景。）

第七场

布景

(伊尔玛夫人之前说到的葬礼厅。这个包房已是一片废墟。黑色花边和天鹅绒布面破破烂烂,七零八落。珍珠花冠毁坏了。悲惨的景象。伊尔玛的长裙和警察局长的西装都撕破了。阿瑟的尸体躺在假的黑色大理石做的假石棺上。旁边,是一个新上场的人物:宫廷传令官。身着大使的制服。只有他光鲜整齐。卡门着装如前。一声巨大的爆炸,震得一切发抖。)

传令官(率性又庄重地):难以计数的岁月流逝消磨,却提升了我,让我变得细致、高雅……(微笑)这爆炸有一种说不清的感觉,它的强力混合着金银首饰和镜子碎裂的叮当声,好像是在王宫里……(所有人都吓呆了,面面相觑。)不要表现得

那么激动。只要我们还没成这样……（指指阿瑟的尸体。）

伊尔玛：他不会想到今晚他演尸体能演得这么好。

传令官（微笑着）：我们亲爱的内务大臣要是没有遭遇同样的厄运，他此刻会多么高兴。可是很不幸，只能由我代替他到你们这儿来完成使命，可我已经没有任何胃口玩这些淫乐的游戏了。（他摸了摸阿瑟的脚）是的，这具尸体会让亲爱的大臣先生欣喜若狂的。

伊尔玛：不是这样的，传令官先生。那些先生们想要的，是以假乱真。内务大臣渴望一具假尸体。可阿瑟是真死了。您看他，比活着时还要真切。他身上的一切都在快速地凝固。

传令官：那他注定会变得伟大吗？

伊尔玛：他？没本事的废物……

传令官：他和我们一样，对不朽的追求塑造了他。追求我们所谓的神圣仪式。这房子里竟然还布置了一间葬礼厅，请允许我向这了不起的想象力致敬吧。

伊尔玛（骄傲地）：您只看到了一部分！

传令官：这是谁的主意？

伊尔玛：是各民族的智慧。传令官先生。

传令官：这样的智慧很有益。不过还是谈谈女王吧，我的使命是保护她。

警察局长（不快地）：您的使命执行得很不像样啊。根据您所说的，王宫不是已经……

传令官（微笑地）：目前，女王陛下还是安全的。但时间紧迫。据说大主教已经被斩首了。主教宫被洗劫。最高法院和总参谋部已经沦陷了。

警察局长：那女王呢？

传令官（轻描淡写地）：她在绣花。有一刻她曾想去照顾伤员。但我们告诫她，目前王位正受到威胁，她必须尽力实施王室的特权。

伊尔玛：什么特权？

传令官：缺席权。女王陛下独自一人退隐到一间卧室。民众的违逆让她悲哀。她在绣一块手帕。图案是这样的：手帕四角各有一朵罂粟花，中间是真丝绣的浅蓝底子，一只天鹅栖息在水面上。令女王陛下忧虑的，只是这么一个细节：这一汪水是湖泊，是池塘还是水洼呢？或只是一个水槽或水杯？这是个严峻的问题。我们选择了这个问题是因为它无法解决，女王就可以沉浸在她的沉思中了。

伊尔玛：女王觉得有趣吗？

传令官：女王陛下在努力让自己变成她应该是的样子：一个女王。（看着阿瑟的尸体）她也一样，快要凝固不动了。

伊尔玛：可她还在绣花呢？

传令官：不是，夫人。我说女王在绣一块手帕，因为如果我的责任是描写女王，我也就有责任替她掩饰。

伊尔玛：您是想说她没在绣花吗？

传令官：我是想说女王既在绣花又不在绣花。她在抠鼻屎，看看抠出的脏东西，接着又躺下了。然后，她去洗碗了。

伊尔玛：女王？

传令官：她没在照顾伤员。她在绣一块看不见的手帕……

警察局长：天哪！你们把女王陛下怎么样了？回答！别拐弯抹角的。我可不跟你开玩笑。

传令官：她在一个匣子里。她睡着了。裹在御用的锦缎里，她在打呼噜……

警察局长（威胁地）：女王死了吗？

传令官（无动于衷地）：她在打呼噜也不在打呼噜。她的小脑袋，毫不含糊地顶着镶满宝石的金冠。

警察局长（加重威胁的口气）：行了。您跟我说过王宫危在旦夕……该怎么办？我现在仍有差不多全部的警力。我的手下人愿意为我决一死战……他们知道我是谁，也知道我会为他们做什么……我也有我的角色要扮演。但要是女王死了，一切就得另说了。我是依靠她的，借她的名义，我努力让自己扬名。暴动到底进行到哪一步了？您得说清楚。

传令官：根据这座房子的状况，你们去判断吧。根据你们自己的状况……一切都完了。

伊尔玛：阁下，您是宫廷里的人。而我，以前曾追随过部队，拿过武器。我可以向您保证，比这更糟的情况我都经历过。这帮贱民在我窗户底下大叫大嚷——我好不容易才出人头地，从他们中间跳出来。虽然窗户被炸成好多片，但我的房子还立在这儿呢。我的包房虽不是完好无损，但还能支撑下去。我的婊子们，除了一个疯子，还在继续她们的工作。要是王宫的中心有一个像我这样的女人……

传令官（不动声色地）：女王正单腿立在一个空房间的正中，她……

警察局长：够了！我受够了您的谜语了。对我来说，女王必须是某个人。形势也必须是具体的。您明确说一说她到底怎么了。我没时间可以浪费。

传令官：您想救谁？

警察局长：女王！

卡门：国旗！

伊尔玛：我的性命！

传令官（对警察局长）：如果您坚持要救女王，还有我们的国旗，国旗上所有的金穗子、老鹰图案、绳索、旗杆，您能告诉我您要怎么做吗？

警察局长：到现在为止，我一直在为您所说的这些服务,我的工作成绩卓著,并且除了眼前的一切,我心无旁骛。我会继续下去。暴动到哪一步了?

传令官(无奈地):王宫花园的铁栏杆,过不了多久就会被人群攻陷。侍卫们忠于职守,就像我们一样,出于一种莫名其妙的忠诚。他们誓死保卫女王,直到鲜血涂地,唉,只可惜他们的血不足以淹死暴民。宫门前垒起了沙袋作防御。为了扰乱视听,女王陛下从一间密室转移到另一间密室,从办公室转移到宝座厅,从厕所到鸡窝、到礼拜堂、到警卫处……她让任何人都找不到她,这种隐身术成功地造成了威胁。

警察局长:大将军呢?

传令官:大将军疯了。他混到人群里去了,这样就没人能伤害他,他的疯癫保护了他。

警察局长:大法官呢?

传令官:大法官吓死了。

警察局长:主教呢?

传令官:他的情况更复杂。教会是保密的。关于他,我们一无所知,没有任何确切的消息。有人说看见了他的脑袋,挂在一辆自行车把手上,但这肯定是无稽之谈。所以我们就指望您了。但您的命令传达不下去。

警察局长:楼下的走廊和包房里,都是效忠我的警卫,他们足以保护我们所有人。他们和我的各个部门也保持着联络……

传令官(打断他):您的手下都穿制服了吗?

警察局长:当然。这是我的警卫队。您觉得我会让他们穿运动服吗?他们穿制服,黑色的。还有我的三角旗。旗子这会儿还放在匣子里。他们都很勇敢,他们自己也想赢得胜利。

传令官:这又能怎样呢?(沉默片刻)您不回答?正确地看待形势会让您不安吗?就是以一种平静的目光看待世界,并且为您所看到的负责,无论看到的是什么。

警察局长:可是说到底,您来这里找我,肯定是考虑到什么具体的事情吧?您有什么计划吗?说吧。

(突然,一声巨大的爆炸声。两个人都趴下了,但伊尔玛没动。之后,两人爬起来,互相掸掸身上的土。)

传令官：有可能是王宫被袭击了。王宫万岁！

伊尔玛：就是说，刚才……那声爆炸？……

传令官：一座王宫永远不会停止坍塌。甚至王宫整个就是一场无休止的爆炸。

(卡门上，她朝阿瑟的尸体扔下一幅黑布，并去整理房间。)

警察局长(沮丧地)：可是女王……女王就被埋在瓦砾下了？……

传令官(神秘地微笑)：您放心，女王陛下在一个安全的地方。凤凰死后会从王宫的灰烬中飞升。我很理解，您迫不及待地想向她证明您的英勇和忠诚……可是女王陛下必须等待适当的时机。(对伊尔玛)夫人，我要向您的冷静致敬，还有您的勇气，您配得上最高的敬意……(幻想着)最高的……

伊尔玛：您忘了您是在跟谁说话了。确实，我掌管着一座妓院，可我并不是月亮和鳄鱼生下的孩子：我来自人民中间……当然了，刚才那声爆炸确实太粗暴了。人民……

传令官（严厉地）：这些都过去了。当生命快要逝去，人的双手还紧紧抓着床单。当您就要进入上天为您安排的位置时，这个烂摊子还有什么可留恋的呢？

伊尔玛：先生？您是想说我快要死了吗？

传令官（仔仔细细打量她）：多么美妙的造物啊！笔直的腿！结实的肩膀！……脑袋……

伊尔玛（笑）：早就有人说过了，您尽管夸，这从不会让我晕头转向。总之，要是那些暴民干脆点，让我死得干净，我肯定是具漂亮的尸体。可要是女王死了……

传令官（深鞠一躬）：女王万岁，夫人。

伊尔玛（先一愣，然后生气地）：我不喜欢别人嘲笑我。您打住吧，赶紧走人。

传令官（激动地）：我已向您详述了形势。民众已经如痴如狂，到了迷醉的边缘，现在轮到我们把他们打翻在地了。

伊尔玛：您别待在这儿说蠢话了，快去王宫的废墟里翻一翻，把女王拽出来，哪怕她已经烤熟了……

传令官（严肃地）：不行，一个烤熟煮烂的女王是见不得人的。即使活着，她也没有您美。

伊尔玛（看着镜子里的自己，沾沾自喜地）：她来自更远的地方，她比我老……说到底，她或许和我一样恐惧。

警察局长：我们吃尽苦头，只为了接近她，为了博得她的一丝青睐。但如果我们就是她呢？……

（卡门停下，仔细听。）

伊尔玛（没理由地慌乱）：我不善言辞。我的舌头每秒钟都会卡壳儿。

传令官：一切都会在沉默中进行，我们制订的规矩不允许任何人打破沉默。

警察局长：我这就去清理一下王宫的废墟。如果女王像您说的那样，关在一个匣子里，我们可以把她救出来。

传令官（耸耸肩）：粉色的木匣子！这么老，这么旧！……（转向伊尔玛，把手放在她的后颈上）：不错，脊梁骨得结实点……才能禁得住好几公斤重的……

警察局长：禁得住铡刀，是吗？伊尔玛，别听他的！（对传令官）那我呢，我会变成什么样？我是国家的强硬人物，但确实，这是因为有王室的支持。我能压制民众，是因为我明智地效忠女王……有时，我假装粗暴无礼……是假装的，您明白吗？……不像伊尔玛……

伊尔玛（对传令官）：先生，我很无力，实际上，我很脆弱。刚才，我是硬撑着……

传令官（威严地）：在这颗精致、珍贵的杏仁里，我们要铸造一个钢铁镀金的硬核。但你们必须迅速决定。

警察局长（狂怒地）：高我一等！这么说，伊尔玛要高我一等了！为了当上领袖，我吃了那么多苦，难道都白费了。而她呢，只要待在她的客厅里，晃晃脑袋发号施令……我要是掌握了大权，我就要让伊尔玛……

传令官：不可能。您的权力来自伊尔玛。她是神圣权力的显现。别忘了，在她的包房里，您还从来没有被扮演过。

伊尔玛：再容我缓一缓……

传令官：只能一小会儿。时间紧迫。

警察局长：要是我们能知道已故的女王怎么想就好了。我们不能这样擅自决定。攫取遗产……

传令官（蔑视地）：您泄气了。假如您头顶上没有一个权威来决定一切，您就发抖了。但现在，要由伊尔玛夫人来宣布……

伊尔玛（浮夸的语调）：在我们渊远流长的家族谱系中，还有一个问题。

传令官（严厉地）：多嘴，伊尔玛夫人。家族史学者们正在地窖里夜以继日地工作着。历史服从于他们。我说了，为了征服民众，我们一分钟也不能耽误。但要注意，如果他们崇拜您，他们可怜的自尊心也能够把您牺牲掉。您在他们看来是红色的，要么是紫红色，要么是血红色。是您的血。一旦他们开始毁灭自己的偶像并把它推到阴沟里去，您也会被拖进去……

（又听到一声同样的爆炸。传令官微笑。）

警察局长：风险太大了。

卡门（插嘴，对伊尔玛）：服装道具都准备好了。

伊尔玛（对传令官）：至少，您能肯定您说的都是实情吗？您完全了解情况吗？您的密探呢？

传令官：他们忠心耿耿地为我们提供情报，就像您的犹大们潜藏在包房里。（微笑）说实话，我们询问他们时，也感到同样美妙的颤栗。但必须赶紧行动。我们在和时间赛跑。他们还是我们，伊尔玛夫人，快想想吧！

伊尔玛（双手托脸）：我在想呢，先生。我在尽可能快地靠近我的命运……（对卡门）去看看他们在干什么。

卡门：我把他们锁在屋里了。

伊尔玛：让他们准备一下。

传令官（对卡门）：那您呢，我们让您当什么呢？

卡门：我永远都待在这儿，先生。

（卡门下。）

传令官：还有一件更敏感的事。我曾提到过一个形象，这些天来，这个形象已经升上革命的天堂。

伊尔玛：革命也有天堂？

传令官：不要嫉妒。现在铺天盖地都是尚达尔的形象。一个既像她又不像她的形象。她主宰着战斗。人们先是和显赫而虚幻的暴君作战，然后才为了自由而战。而明天，他们会为了尚达尔血战到底。

伊尔玛：忘恩负义的贱货！她在我这儿的时候就是大红人。

警察局长：她得意不了多久。她和我一样，没有爹妈撑腰。她要是变成了一个形象，我们就利用她。（沉默片刻）……一副面具……

传令官：幸亏有面具，世上才有这么多美丽的东西。

（突然铃声响起。伊尔玛夫人欲跑去看，却又停住，对警察局长。）

伊尔玛：是卡门。她说什么？他们在干什么？

（警察局长拿起一支听筒。）

警察局长（转述）：他们等着回家，趁着空儿，正在对着镜子看自己。

伊尔玛：咱们去把镜子打碎,或者蒙上。

(沉默。一阵机枪扫射声。)

我已经决定了。我是在听从永恒的召唤,上帝会保佑我的。我要祷告一下,做好准备……

传令官(郑重地):您有合适的服装吗?

伊尔玛：我的衣橱和我的包房一样著名。(突然担心地)不过确实,炸弹横飞,又是灰又是土的,那些衣服肯定都脏兮兮的了。通知卡门!让她清理一下戏服。(对警察局长)乔治……这是我们俩在一起的最后时刻!从此以后,我们就不再是自己了……

(传令官知趣地走开,走到窗户边。)

警察局长(充满柔情地):可我爱你。

传令官(转过身,以置身事外的淡漠语调):想想城北的那座山。暴动刚打响时,所有的工人都在那儿干活……(稍停)我是说那个修建陵墓的计划。

警察局长(贪婪地):什么计划?

传令官：晚点再说吧。一座红色大理石的山,凿出一个个墓室和神龛,正中央是一个镶满钻石的微型岗亭。

警察局长：我能不能站着或坐在那里为我自己守灵？

传令官：谁能拥有这座陵墓，谁就能在那里永垂不朽。世界将围绕它来建立秩序。星辰甚至太阳都将围绕它旋转。从第三间墓室的一个神秘起点开始，一条通道曲折地延伸到另一间墓室，那里全是镜子，镜子里无限地映照出……我是说，无限地……

警察局长（作出同意的样子）：好，我干！

传令官：映照出一个死人的形象。

伊尔玛（紧紧拥抱警察局长）：这么说，我是真的了？我的长裙是真的？我的花边、珠宝都是真的？剩下的世界……

（机枪扫射声。）

传令官（透过百叶窗，向外瞥了最后一眼）：好了，你们快点。回您屋里去吧。绣一块永远也绣不完的手帕……（对警察局长）向您最后的队伍下最后一次命令吧。

（他走到一面镜子前。从口袋里掏出一套勋章别在自己的长外套上。

　　以粗俗的口吻）：

　　赶紧的。我没功夫听你们扯淡了。

第八场

布景

（阳台从妓院建筑的立面伸出来。百叶窗紧闭，面对着观众。突然，所有的百叶窗全都自动打开。阳台的边缘贴着舞台的长排脚灯。透过窗户，能看见主教、将军、法官，他们正在做准备。终于，阳台的两扇落地窗打开了。他们鱼贯而出，来到阳台上。先是主教，然后是将军，再后是法官。最后是英雄。在他们之后，是女王：戴着王冠、穿着白貂毛大衣的伊尔玛夫人。所有的人物走过来，站到各自的位置上，十分腼腆。他们沉默无语，只是展现在那里。除了英雄——即警察局长，所有人都像巨人般高大，重新穿上了他们的戏服，但十分破烂，满是尘土。阳台外面，离他们很近的地方，乞丐出现了。）

乞丐（用柔和的嗓音大喊）：女王万岁！

（乞丐胆怯地下场，就像他上场时一样。终于，一阵强风吹动了窗帘：尚达尔出现了。传令官无声地把她介绍给女王。女王向她行屈膝礼。一声枪响，尚达尔倒下。将军和女王把她的尸体抬走。）

第九场

布景

(伊尔玛的房间,但好像刚遭受暴风雨袭击一样狼狈。舞台深处,一面双开门的大镜子构成墙面。右边是一扇门,左边也有一扇门。三台立在三脚架上的照相机,摆放整齐。每台相机旁各站着一位摄影师,都是十分机灵的小伙子,穿着黑夹克和紧身牛仔裤,面含讥讽。主教从右边、法官和将军从左边依次走进来,都很拘谨的样子。他们一见面就互相深深地鞠躬。然后,将军向主教敬礼,主教为将军赐福。)

法官(长舒一口气):终于又站到了这里!

将军:还没结束呢!我们必须创造出一个完整的生命……难啊……

主教(嘲讽地):难不难,也得撑下去。咱们谁也不能后退了。在登上马车之前……

将军：马车真慢啊！

主教：……在登上马车之前，还可以开溜。可是现在……

法官：你们觉得咱们会不会被认出来？我当时坐在中间，你们俩的侧脸遮住了我，我对面是伊尔玛……（被这个名字震动）伊尔玛？女王……女王挡住了我的脸……你们觉得呢？

主教：根本不会被认出来。你们猜我看见谁了？……在我右手边……（禁不住笑起来）尽管全城都炸碎了，他还是一张油腻红润的大胖脸（另两人也笑了），还有两个酒窝和一嘴烂牙。他扑到我的手上……我还以为他要咬我，就想抽回手……可他是想吻我的戒指。你们猜是谁？是那个卖花生油的！

（法官笑了起来。）

将军（阴郁地）：马车真慢啊！车辘辘轧过民众的脚和手！尘土啊！

法官（担忧地）：我坐在女王对面，透过后窗的玻璃，我看见一个女人……

主教（打断他）：我也看见她了，在左车门外，她追着车向我们抛飞吻！

将军（愈加阴郁地）：马车真慢啊！我们在流着汗的人群中缓缓前进！他们的吼叫好像是威胁，可那不过是他们的欢呼。随便什么人都可能砍断马腿、扣动手枪扳机，解开套马的绳索，套在我们脖子上，再把我们系在车辕或马身子上，把我们撕成碎片或当作马来驱赶：但这些根本没有发生。只有抛到车窗上的鲜花，还有向女王致敬的民众。女王顶着金冠笔直地站立着……（稍停）马车一步步前进……传令官站在车身的踏板上！

（沉默。）

主教：没人能认出我们。当时我们披金戴银。所有人都被我们的光芒照花了眼……

法官：简直什么都不缺……

主教（依然讽刺地）：被战斗弄得筋疲力尽，被飞扬的尘土窒息，勇敢的人们等待着君主的行列。他们眼里只有这个行列。无论如何，我们也不能后退了。我们已经被选中。

将军：被谁选中？

主教：（突然夸张而隆重地）：被光荣本身选中。

将军：这场假面舞会？

主教：改变这场假面舞会的涵义，就靠我们了。首先，我们要使用歌功颂德的夸张语言。我们要快而准地行动，不容许有差错。（威严地）至于我，这个国家教会的精神领袖，我想要成为真正的领袖。我不想再为这个赐福、为那个赐福，搞得人家都不稀罕了。我要签署教规、任命神甫。教士们正组织起来，一座大教堂正在施工。都在这里呢（指着夹在胳膊下的一摞文件）塞满了计划和项目。（对法官）您呢？

法官（看看手表）：我和几个行政法官有约。我们在拟定新法案，修正旧法典。（对将军）您呢？

将军：哦，我嘛，你们的想法就像一缕轻烟穿过木板房一样，穿过我可怜的脑袋。战争的艺术可不是靠技巧就能成功的。总参谋部……

主教（打断他）：和其他东西一样，军队的命运可以从星象上看出来。看在上帝的分上，去算算您的星象吧!

将军:说得容易。可是当那位"英雄"凯旋,稳稳地坐在自己的屁股上,就像骑在马背上一样……说实在的,一直都没什么动静吗?

主教:没有。但也不能得意得太早。虽然他的形象还从没在妓院里被供奉过,但总有一个天会的。那时候我们就完了。除非你们去尽力夺取政权。

(突然住口。摄影师甲清了清嗓子,好像要吐痰。摄影师乙好像西班牙舞女一样打了个响指。)

主教(严厉地):确实,你们都到了。你们得快点拍,尽量别出声。给我们每人拍两张像,一张微笑的,一张凝重的。

摄影师甲:我们一定尽职尽力。(对主教)做个祷告的样子,预备!我们得让您虔诚的形象充满大街小巷。

主教(一动不动):一个热忱的思考者的形象。

摄影师甲:热忱的?请作热忱状。

主教(浑身不自在):嗯……怎么样好呢?

摄影师甲(笑起来):您不知道怎么做出祷告的

样子?那就像面对上帝一样看着我的镜头吧,双手合一。抬起头。垂下眼。这是经典姿势。回归秩序,回归古典主义。

主教(跪下):像这样?

摄影师甲(好奇地看着他):对……(看看相机镜头)不行,您出去了……(主教跪着往旁边挪了挪。)好的。

摄影师乙(对法官):请您把脸再拉长一点。您不是太有法官样儿。脸得再长点……

法官:像马脸一样?闷闷不乐的?

摄影师乙:是的,法官大人,像马脸一样,闷闷不乐。您两只手放在文件夹前面……我是想拍一张法官的照片。好的摄影师拍出的是决定性的形象。好极了。

摄影师甲(对主教):再转过去一点……

(他去转动主教的脑袋。)

主教(恼火地):您竟敢拧一位主教的脖子!

摄影师甲:主教大人,您得半侧着做祷告。

摄影师乙(对法官):法官先生,能不能再严厉点儿……嘴角再往下吊一点……(大声喊)好!好极了!别动!

(摄影师乙跑到相机后,还没跑到,镁光灯就亮了一下:摄影师甲刚按动了快门。摄影师乙把头钻进黑布罩里。)

将军(对摄影师丙):最有风度的是蒂雷纳①。

摄影师丙(摆了个姿势):手持宝剑?

将军:不,不是!持剑的是巴亚尔②。胳膊伸开,元帅的权杖……

摄影师丙:啊——您是想说威灵顿③吗?

将军:可惜我没有权杖……

(摄影师甲走到主教身旁。主教一直没有动。摄影师甲默默地仔细打量主教。)

---

① 蒂雷纳(Henri de la Tour d'Auvergne dit Turenne, 1611—1675),又译杜伦尼,法国历史上最著名的元帅之一。——译注
② 应该是指德·巴亚尔(Pierre Terrail de Bayard, 1475—1524),法国贵族,十五至十六世纪法国与意大利的战争中功勋卓著的大将。——译注
③ 威灵顿公爵(Duc de Wellington, 1769—1852),英国陆军元帅,在滑铁卢战役中击败拿破仑。——译注

摄影师丙（对将军）：我们要什么有什么……拿着，摆姿势吧。

（将一张纸卷成元帅权杖，递给将军让他摆好姿势。摄影师丙跑回照相机后。镁光灯一闪：摄影师乙刚按动了快门。）

主教（对摄影师甲）：希望拍得成功。现在，应该让全世界看到我领圣餐的样子。可惜啊，我们手边没有圣餐饼。

摄影师甲：放心吧，大人。做我们这行的最有办法。（招呼）法官大人？（法官走过来。）为了拍张好照片，把您的手借我用一下吧（自作主张地抓起法官的手，摆好位置）只出现您的手……这里……把袖子再撸上去一点儿……举在主教大人的舌头上，您坚持住……（掏口袋找东西。对主教）您伸出舌头。再伸长点。好！（一直在掏口袋找东西。镁光灯一闪：将军照完了相，恢复常态。）妈的！我什么都没带（环顾四周。对主教）别动，好极了。您不介意吧？（不等将军回答，就从将军的眼眶上取下他的单片眼镜，朝着主教和法官走去。他让法官拿着单片眼镜悬在主教的舌头上，好像那是一块圣餐饼。朝相机跑去。镁光灯一闪。)

女王和传令官已经进来好一会儿了,他们看着这个场面。)

传令官(一直是那副烦人的腔调,自打出生就无所不知的那种人的腔调):一个真实的形象,从虚假的场景中诞生。

摄影师甲(嬉皮笑脸地):这没什么新鲜的,女王陛下。前一阵,那些暴动分子被抓起来的时候,我们买通了一个宪兵,让他在我们的相机镜头前枪杀了一个犯人。其实是我让那个犯人出去给我买烟的。但照片表现的是一个犯人企图逃跑而被击毙。

女王:惨无人道!

传令官:重要的是阅读或形象。历史为人所经历,最终是为了被书写成光辉的一页,然后被阅读。(对摄影师们)先生们,女王让我向你们表示祝贺。她要求你们回到工作岗位上。

(三个摄影师钻进相机的黑布罩。)

(静场。)

女王(低声地,好像在自言自语):他没在这儿?

传令官（对三个人物）：女王想知道你们在做些什么，并且打算做些什么。

主教：我们在尽可能多地收集尸体。我们原打算给它们涂上香膏放在我们的天堂里。您的伟大英明使您不得不屠杀这些暴民。在这一排排尸体中，我们只能保留几个殉道者，赋予他们荣誉，这荣誉也为我们增光。

女王（对传令官）：也会增添我的荣耀，是吗？

传令官（微笑）：屠杀也是节日。在其中，人民纵情享受着痛恨我们的快乐。我所说的当然是"我们的"人民。他们终于可以在心中为我们塑一尊像，然后对它猛捅刀子。至少我希望如此。

女王：宽容与仁慈起不到任何作用吗？

传令官（嘲讽地）：布置一间圣文生·德·保禄①包房？

---

① 文生·德·保禄（Saint Vincent de Paul，1581—1660），又译云信·特·保罗，生于法国加斯科涅朗德省，天主教神甫，毕生致力于服务穷人。1729年列为真福，1737年被祝圣，天主教会及普世圣公宗都承认他是圣人。——译注

女王（不快地）：法官大人，您呢，在做什么呢？我曾下令减少死刑，而更多地判处劳役。但愿那些地下厅堂已经竣工了吧？（对传令官）您刚说的"苦役犯"这个词，让我想到了陵墓的厅堂。它们都完工了吗？

法官：彻底完工了。礼拜日还对公众开放呢。有一些拱顶画满了苦役犯的骷髅像，他们在开山的工程中死去。

女王（对主教）：教堂呢？要是谁没有为这个美妙绝伦的礼拜堂干上至少一星期的活儿，肯定会产生极大的负罪感，我可以想象。（主教向女王鞠躬。女王对将军）至于您，我了解您的严厉：您的士兵监视着工人。他们无愧于"建设者"的称号。（佯装疲倦，和蔼地微笑）先生们，正如你们知道的那样，我想把这座陵墓赠给那位"英雄"。你们理解他的悲哀，不是吗？他从来没有被扮演过，这该有多痛苦啊。

将军（鼓起勇气）：要赢得荣耀就必须付出巨大的痛苦。高位早就被占完了。每个龛里都有一个神。

（骄矜地）我们，至少已经……

主教：白手起家都是这样的。要是你否定或忽视传统，就更是这样。或者说否定或忽视已有的成果。

女王（突然激动地）：可是，是他挽救了一切。他让你们有条件继续你们的仪式。

主教（傲慢地）：夫人，实话实说，我们已经不去想这些了。对我来说，如果我的袍子碍手碍脚或者我被花边绊住了，那我肯定要采取行动。

女王（愤怒地）：行动？你们？你们的意思是要剥夺我们的权力吗？

法官：我们总得尽我们的职责吧？

女王：职责！你们在想方设法打倒他、削弱他、抢占他的位子！职责！竟然还说什么职责！

主教：在漫长的时间里——在漫长的时间里或无限空间的某个点上！——或许存在着绝对有尊严的高贵人物，并且穿着他们真实的服装……

女王（十分生气）：真实的！这些服装又怎么了？这些套在你们身上的衣服——让你们改头换面

的整套行头！——从我衣橱里拿出来的，就不真实了？不真实吗！不真实吗！

主教（指着法官的白貂毛和丝袍子）：兔毛的，假绸子，机器织的花边……你以为我们会一辈子都满足于假货？

女王（狂怒）：可今天早上……

（她停住不说了。警察局长轻缓、谦恭地上。）

乔治，得提防着他们。

警察局长（努力微笑）：我相信……胜利……咱们胜利了……我可以坐下吗？

（坐下。目光似乎在询问所有的人。）

传令官（嘲讽地）：没有，还没人来过。还没人觉得有必要抹去自己，披上您的迷人形象。

警察局长：你们向我建议的计划没什么用。（对女王）什么也没有？没有任何人？

女王（温柔地，好像在安抚小孩子）：没有，暂时还没有人来。可我们已经把百叶窗关上了，客人们应该会来的。设备也各就各位了，电铃会通知我们的。

传令官(对警察局长):您不喜欢我今早提出的计划。可是,那个形象就是您本身的形象,您自己挥之不去,也会令其他人挥之不去。

警察局长:可是它很没用。

传令官(给警察局长看一张底片):刽子手的红大衣和他的斧子。我建议您穿紫红的大衣,拿把钢斧子。

女王(被激怒地):十四号包房,也叫斩首厅。已经演过了。

法官(友好地,对警察局长):可人们是真怕您。

警察局长:我很担心人们惧怕一个人或嫉妒一个人,而不是……(寻找着准确的说法)而不是一条皱纹,比如说……一卷头发……一根雪茄……或一条皮鞭。最近,有人建议我扮演……我简直都不敢和你们说。

法官:就是说……非常大胆?

警察局长:非常大胆。太大胆了。我真是不敢告诉你们。(突然好像下定了决心)先生们,我对你们的判断和你们的忠诚抱有足够的信心。我同样也希望通过大胆的想法来继续这场战斗。是这样的,有人建议我扮成一根巨大的阳具,一根大体量的鸡巴……

(三个人物和女王惊得目瞪口呆。)

女王:乔治!你?

警察局长:如果说我必须象征国家,你的妓院……

传令官:夫人,让他说吧。这个时代,都是这种口气。

法官:一根阳具?大体量?您是想说:个头儿巨大?

警察局长:和我一样大。

法官:实现起来会很困难吧。

警察局长:也没那么难。新技术和橡胶工业的发展足以制造非常精巧的产品。不,我担心的不是这个,而是……(对主教)……教会方面会怎么想?

主教(考虑了一下,耸耸肩):今晚之前无法给出明确的说法。这肯定是一个非常大胆的想法(对警察局长),您要真没别的办法,我们会研究这个问题的。因为……这将是一个可怕的造型,假如您不得不把这样一个形象留给后代……

警察局长(温柔地):你们想看看模型吗?

法官(对警察局长):您这样急不可待是错误的。我们等了两千年才调整好我们的人物形象。您指望……

将军(打断法官的话):荣誉是从战争的磨炼中获得的。您还没怎么沐浴过奥斯特里茨①的阳光。战斗吧,要不就坐下来,按照惯例等个两千年。

(众人笑。)

女王(激烈地):你们毫不在乎他的痛苦。别忘了,是我给你们设计的角色!是我把你们从我妓院

---

① 1805年拿破仑指挥的一场著名战役。在波西米亚的奥斯特里茨村(今捷克境内),拿破仑的军队以少胜多,打败了俄罗斯和奥地利联军,第三次反法同盟随之瓦解。在一场决定性的会战中,拿破仑的军队在夜间浓雾的掩护下接近敌军,埋伏在有利的位置。第二天清晨,浓雾完全散去,太阳绽放出光芒,如有神助。法军正好发起进攻,取得了胜利。固有"奥斯特里茨的阳光"一说。——译注

的小窝里掏出来的。我雇用你们是为了乔治的荣誉。你们也已经同意为我效劳。

（静场。）

主教（坚决地）：现在，提出了一个非常严肃的问题：是您要利用我们所代表的一切，还是我们……（指着另外两个人物）……让您服务于我们所代表的一切呢？

女王（立刻发火了）：一群木偶！要是不穿上你说的兔皮，你们连木偶都算不上！你就是个在托利多或塞尔维亚的广场上被人逼着脱光衣服跳舞的家伙——或者说被扒掉了兔皮！你就跳了！还跟着响板的节奏！你们算什么啊，大人们？

主教：那天我就是得跳。至于兔皮，既然它应该代表白貂皮的神圣形象，那它就具有白貂皮无可争辩的力量。

警察局长：目前看来是的。

主教（激动起来）：对极了。当我们在妓院的包房里，我们属于自己的幻想世界：一旦把它曝光、给它命名、将它公开，我们就和真人连在一起了，和您连在一起，就不得不根据看得见的规则继续这个冒险。

警察局长：你们没有任何权力，只有我一个人……

主教：那好吧，我们就待在房间里继续追求绝对的尊严吧。我们在那里待得好好的，是您把我们拽出来的。因为那里很舒服，很自在：安全又甜蜜，在百叶窗、绒布帘背后，被女人们精心保护着，被一个保护妓院的警察保护着，我们可以是法官、将军、主教，直到完美无缺，直到酣畅淋漓！是您把我们从这美妙的、无忧无虑的状态中粗暴地拽了出来！

将军（打断主教）：我的马裤！以前当我套上这马裤时，是多么幸福啊！现在，我睡觉也得穿着它，吃饭也得穿着它，跳华尔兹——连跳华尔兹的时候！——也得穿着它，我就活在这个将军服的马裤里了。我是将军，就像人家是主教一样！

法官：我只不过是一件袍子体现的尊严。

将军（对主教）：我连一点准备的时间都没有了！——以前我都会提前一个月去准备！——准备

套上我的马裤或长靴。现在,我永远地拥有了它们,永远穿在脚上。我再也不做梦了,对天发誓。

主教(对警察局长):看见了吗,他再也不做梦了。纯粹的乔装打扮的快乐和我们那奢侈的、无用的——高贵的——外表被腐蚀了。它不复存在,这也就算了。可是承担职责的苦涩快感却留了下来,我们还觉得它挺合适的。我们的房间再不是秘密的场所。您说到了跳舞是吗?您提起了这个了不起的夜晚,这一晚,我们被剥去了祭司的服饰——或者被扒了皮,随您怎么说都行,我们不得不在西班牙的广场上跳舞。我跳了,我承认,在人们的哄笑中,但至少我是跳了。现在呢,假如有一天我想跳舞,我就得悄悄溜进"大阳台俱乐部",那里必须为主教们准备一个房间,这些主教们每个星期都有几个钟头想当芭蕾舞女。哦不,不……我们即将生活在光天化日下,按它的规则行事。行政法官、士兵、主教,我们将行动起来,这不断削弱着我们华丽的外表。我们要让它们变得有用!但为了让它们有用,并对我们有用——既然我们选择了去捍卫您的秩序——

您就得第一个承认它们、向它们致敬。

警察局长（平静地）：我不是镜子中那十万个重复镜像中的一个，我是唯一，是十万个人都渴望成为的那一个。没有我，你们早就完蛋了。被打扁了，就像俗话说的，"扁得像一套衣服"，你们就只是套衣服了。（逐渐找回自己的权威。）

女王（对主教，话中有话地）：今晚之所以是您穿着这件袍子，是因为当时您没能及时从我的包房逃走。您舍不得离开自己十万个镜像中的一个。可现在，顾客们重新回来了……虽然还不算拥挤，可卡门也已经记下了好几个预约……（对警察局长）别被他们吓住。暴动前，他们这样的人多得是。（对主教）要不是您想出谋杀尚达尔的坏主意……

主教（假装受惊地）：是流弹！

女王：谁知道是不是流弹呢。尚达尔是在阳台上被杀的，在我的大阳台俱乐部！她是回来看我的，回来看看她的老板。

主教：我曾经有一闪念，想把她变成我们的圣徒。

警察局长：这是传统态度。教会的通常想法。但您不要为此沾沾自喜。把她的形象印在我们的旗帜上，并不会有什么威力。这么说吧……四处都有人向我汇报，因为尚达尔准备为两个组织服务，所以遭到了她要拯救的那些人的谴责……

女王（担心地）：那么，一切又重新开始了？

（从此刻起，女王和警察局长显得很焦躁。女王走向一扇窗户，尽力观察了一下街上的动静，然后又拉上了窗帘。）

传令官：一切。

将军：是不是又得……乘上那辆马车了？马车可真慢啊！

主教：要是我让人打死了尚达尔，然后又封她为圣徒，要是我把她的形象印在旗帜上……

女王：应该是我的形象……

主教：可您已经印在邮票、钞票、警察局的公章上了。

将军：马车真慢啊……

女王：我再也不是我自己了？

传令官：再也不是了。

女王：我生命中的每一件事，比如我抓破了自己，滴出了血……

传令官：一切都会用大写字母为您记录下来。

女王：可这不就是死亡吗？

传令官：是的。

警察局长（突然威严地）：对你们所有人来说，都是死亡。所以，我对你们是有把握的。至少，只要我的形象还没有人扮演，我就有把握。因为如果被人扮演，我就只能一边歇着去了。（突发灵感）而且，一旦我的肌肉突然变得无力，我就知道我的形象在逃离我，萦绕在别人身上了。那时，我的末日就近了。现在，如果要行动……（对主教）谁该负起真正的责任呢？您？（耸耸肩）理智点吧。你们之所以是你们这个样子，法官、将军、主教，是因为你们以前就渴望变成他们，渴望人们知道你们变成了他们。所以，你们做了一切必须做的而走到了这一步，并且在万众瞩目下走到了这一步。是这样吗？

法官：差不多吧。

警察局长：好。所以说，你们从来没有为了一个行动本身而完成一个行动，而永远是因为这个行动与其他行动相关联，造就了主教、将军和法官……

主教：这样说既对也不对。因为每一个行动本身都包含着新的因素。

法官：我们因此而获得了更高的尊严。

警察局长：毫无疑问，法官先生，但这尊严已经变得像水晶一样缺乏人性，使你们不太适合统治人民了。在你们之上，比你们更高贵的，还有女王。现在，你们是从她那里取得了你们的权威和权利。在女王之上，还有我们的旗帜，在那上面我已经印上了胜利女神尚达尔的形象，我们的圣女尚达尔。

主教（咄咄逼人地）：在我们崇拜的女王之上、在我们的旗帜之上的，是上帝，他通过我的声音说话。

警察局长（气恼地）：那上帝之上呢？

（沉默。）

好吧，先生们，上帝之上是你们。如果没有你们，上帝就什么都不是。在你们之上，是我，没有我……

法官：那人民呢？摄影师们呢？

警察局长（变为讽刺的口吻）：摄影师跪在人民面前，人民跪在上帝面前，所以……

（众人大笑。）因此，我想要你们为我服务。可刚才，你们说得都很好。我要向你们的雄辩、向你们的演讲才能、向你们清澈的嗓音和强劲的喉咙致敬。而我，只是个行动派，那些不能立刻实施的语言和思想会让我觉得尴尬。因此，我在想是不是要把你们放回到神龛里去。我不会这样做，至少现在不会，因为……你们已经在神龛里了。

将军：先生！

警察局长（把将军推倒在地，将军坐在地上，吓呆了）：躺下！躺下，将军！

法官：我的袍子可以撩起来……

警察局长（把法官推倒在地）：躺下！既然您渴望被当作法官看待，您愿意按照我的想法继续做法官吗？按照对你们的尊严的一般理解？好吧。所以，我应该在这方面更多地承认你们，是不是？

（无人回答。）

警察局长：那么，是或不是呢？

（法官谨慎地走开。）

女王（甜言蜜语地）：他发火了，原谅他吧。先生们，我很了解你们来我这儿是为了寻找什么。主教大人，您是在用快捷而果断的方法追求显而易见的神圣性。我们这儿披风上的黄金没什么作用，我敢肯定。并不是庸俗的野心把您带到了我紧闭的百叶窗后，而是您隐藏着的对上帝的爱。而您，法官先生，既然您想在我的镜子中看到一个审判者的形象千百次的反射，那么牵引着您的，完全是对正义的焦虑。您呢，将军，让您魂牵梦绕的是荣耀的战功、非凡的勇气和英雄事迹。那就随自己去吧，慢慢来，不用太顾忌。

（主教、法官、将军一个接一个地发出深深的叹息。）

警察局长：这下你们松了一口气吧？事实上，你们根本就没想要走出自己，也没想去和世界交流，哪怕是通过卑劣的行为。我理解你们。（友好地）天哪，我这个人物仍在运动变化着。总之，就像你们知道的那样，他不在妓院的人物名录中。

女王：就是那个粉色的手册。

警察局长：是的，粉色的手册。（对主教、法官和将军）看啊，先生们，难道你们对我这个可怜人没有任何怜悯吗？（一个接一个地打量他们）难道你们的心这么冷漠无情吗？这些华丽的包房和仪式都是为你们订制的，都经过了精心构思和摸索，需要漫长的劳动和无限的耐心，可你们自由自在地就走出去了？（突然显得非常疲倦，几近谦卑地）请你们再等一小会儿吧。目前，我仍然有很多事要做，各种各样的行动……可是一旦我感到自己被无穷地复制，那时……那时，我就不再强硬，我会在人的意识中腐烂。而你们呢，到时候，你们要是愿意，可以找出你们的袍子，重新大干一场。（对主教）您不说话……（长时间的沉默）您是对的，我们都别说话了，等待……（长时间的、凝重的沉默）也许就是现在……（低沉而谦卑的语调）人们正在准备把我造成一尊神……

（所有人都等待着。然后，卡门从左边门悄悄走进来。传令官第一个看见她，不出声指给女王看。女王做了个手势，示意她出去。可相反，她又往前走了一步。）

女王（很低的声音）：我不是说了不许打扰我们吗。你来干吗？

（卡门走近。）

卡门：我想拉铃，可是设备出了点问题。抱歉。我想跟您说句话。

女王：好吧，说吧，想好了就说。

卡门（犹豫地）：就是……我不知道……

女王（无奈地）：在宫里，就按宫里的习惯，咱们悄悄说。

（女王不加掩饰地把耳朵凑近卡门，卡门欠身对女王耳语了几句。女王显得十分不安。）

女王：你肯定吗？

卡门：是的，夫人。

（女王急忙从左门出去了，卡门随之出去。警察局长也想跟他们出去，被传令官制止。）

传令官：不能跟踪女王陛下。

警察局长：但是发生什么事了？她要去哪儿呢？

传令官（嘲讽地）：去绣花。女王在绣花，又不在绣花……您知道这句老生常谈吧？当女王远离、缺席或垂死的时候，她才达到了真实性。

警察局长：外面呢，正在发生什么事？（对法官）您有什么消息吗？

法官：您所说的外面对我们来说也很神秘，就像我们对它来说很神秘一样。

主教：我来跟你们说说人民的惨状，他们相信自己通过暴动已经获得了解放。天哪——感谢上天！——没有任何运动能强大到足以摧毁我们的形象。

警察局长（几乎颤抖地）：那您认为我还有机会？

主教：您的位置是再好不过了。到处都惶惶不安，所有的家庭，所有的机构。人们吓得瑟瑟发抖，以至于您的形象开始让他们对自己产生了怀疑。

警察局长：他们只能寄希望于我了吗？

主教：他们只能寄希望于一场最终的灾难。

警察局长：总之，我就像一个池塘，他们在我这里能照见自己的影子？

将军（乐不可支，笑出声来）：要是他们腰弯得太低，就会掉进去淹死。要不了多久，你就会装满淹死鬼了！（似乎没人觉得好笑）好吧……他们还没来到池边呢！……（局促不安地）等着瞧吧。

（沉默。）

警察局长：您真的认为人民曾经抱有狂热的希望吗？并且，一旦失去所有的希望，他们就失去了一切？一旦失去了一切，他们就全指望我了？……

主教：很有可能就是这样。这取决于我们是否去制止，相信吧。

警察局长：当他们终于把我神化……

传令官（嘲讽地）为了你，只为了你一个人，地球都将停转一秒钟。

（突然左门打开了，女王光彩照人地出现了。）

女王：乔治！

（扑到警察局长怀里。）

警察局长（充满怀疑地）：不是真的吧！（女王点头）可是在哪儿？……什么时候？

女王（激动地）：就在那儿！……现在……包房……

警察局长：你在拿我寻开心吗，我什么也没听到啊。

（突然，一声响亮的钟鸣，像教堂的排钟一样。）

这么说，这是真的？这是为我敲响的钟声？（他推开女王，等钟声停下，庄重地）先生们，我已载入人物名录了！（对女王）你肯定吗？

（钟声又起，稍后停止。）

女王：是我接待他，把他带到陵墓包房的。那是一间为你而建造的包房。我让卡门去做准备了，自己立刻跑过来告诉你。我跑得浑身是汗……

（钟声又起。稍后停止。）

主教（阴郁地）：这下我们完了！

警察局长：监视器运转正常吗？可以去看看……

（朝左边走去，跟在女王后面。）

传令官：这可太不像话了……太卑鄙了。

警察局长（耸耸肩）：机器在哪里？（对女王）咱们一起看。

（他站在左边，面对一个窥视孔。法官、将军和主教稍微犹豫了一下，站到了右边，面对另一个窥视孔。接着，舞台底部的两扇镜子无声地打开，展示出那间特殊包房的内部。传令官无可奈何地站到了女王和警察局长一边。

陵墓厅的布景

（好像一个塔楼或矿井的内部。可以看到环形的石头墙。底部竖着一道楼梯。正中间好像还通往另一个井道，也有一个楼梯。墙上挂着四个月桂树枝编成的王冠，装饰着薄纱。镜子门打开时，罗杰从楼梯上下来。卡门好像在给他带路。罗杰穿着警察局长的衣服，并且像主教、法官、将军一样也穿着厚底靴，看起来更加高大。他的肩膀也加宽了。他下楼梯时响起鼓点声，伴着他下楼的节奏。）

卡门（靠近罗杰，递给他一支雪茄）：免费赠送。

罗杰（叼在嘴里）：谢谢。

卡门（把雪茄拿下来）：那头是点火的，这头放嘴里。（把雪茄转了个个儿）这是您第一次抽雪茄？

罗杰：是的……（停顿）我没让你发表意见。你在这儿是给我服务的。我付过钱了……

卡门：抱歉，先生。

罗杰：奴隶呢？

卡门：正给他松绑呢。

罗杰：他知道怎么做吧？

卡门：完全明白……您是头一位，您在给这间包房揭幕。不过您知道，这里所有的剧本都可以归为同一个主题……

罗杰：什么主题？

卡门：死亡。

罗杰（碰碰墙）：这……就是我的坟墓了？

卡门（纠正他）：陵墓。

罗杰：这个工程用了多少奴隶？

卡门：全体人民，先生。一半人夜里干活，另一半人白天干。按您的要求，整个一座山都凿开了。里边的结构就像白蚁的巢穴或卢尔德的大教堂一样复杂，现在还说不准。从外面，什么也看不出来。人们只知道这是一座圣山。可这里面，是一个套一个的坟墓、衣冠冢、石棺、骨灰盒……

罗杰：那这里呢，我所在的地方？

卡门（否定的手势）：这是一个前厅，名叫英灵谷①。（指指地下的楼梯）待会儿，您再往下走。

罗杰：我还能回到阳光下吗？

卡门：可是……您还想玩吗？

（沉默。）

---

① 英灵谷（Valée de los Caïdos），或译烈士谷，真实存在的一处纪念碑式建筑。位于西班牙马德里市郊，亦为弗朗哥墓。是独裁者弗朗哥为纪念内战期间国民军和共和军的双方阵亡将士而修建的纪念堂。据说由内战中失败的左翼战俘用了十八时间（1940—1958）建造完成。——译注

罗杰：真的吗，在我之前还没有人来过这儿？

卡门：来过这个……坟墓，还是来过这个……包房？

（沉默。）

罗杰：真的都安排妥当了吗？我的服装，我的假发套？

（靠着窥视孔的警察局长转向女王。）

警察局长：他知道我戴假发套？

主教（冷笑，对法官、对将军）：只有他自己以为别人不知道。

卡门（对罗杰）：我们琢磨了很久。一切都已准备就绪。剩下的就交给您了。

罗杰（担心地）：你知道，我也在考虑呢。我应该有个英雄的概念，英雄从来就没有被充分地表现。

卡门：所以，我们把你带到陵墓厅。这里，不太可能出什么差错，也不可能有太多幻想。

（停顿。）

罗杰：这里保密吗？

卡门：所有的缝隙都塞上了，门和墙壁都装了隔音层。

罗杰（犹豫着）：嗯，陵墓呢？

卡门（强调）：是在岩石里开凿的。墙壁在渗水，这就是证据。安静吧？就像死亡一样。有光？是因为太黑暗了，以至于您的眼睛变得无与伦比地敏锐。冷？是的，死亡的冰冷。一个巨大的工程征用了整座山脉。人们呻吟着为您凿出花岗岩的神龛。这一切都证明您被他们爱戴，您征服了他们。

罗杰：呻吟？我能不能……能不能听听他们的呻吟？

（卡门转身走近墙壁下方的一个洞，从那里伸出了乞丐的脑袋，他在第八场中出现过。）

卡门：过来！

（奴隶爬了过来。）

罗杰（打量奴隶）：就是他？

卡门：很棒吧？他这么瘦，身上还有跳蚤和疮疤。他做梦都想为您献身。那我走了。

罗杰：就剩我和他？不，不行。（停顿）留下来。发生一切事情都得有一个女人在场。得让一张女人的脸成为见证,通常……

(突然响起锤子敲击铁砧的声音,接着,听到一只公鸡的啼叫。)

罗杰:生活离我们这么近吗?

卡门(正常语调,不再演戏):我跟您说过,所有的缝隙都堵上了,不过总有些声音能透过来。这打扰您吗?生活又一点点地重新开始了……像过去一样……

罗杰(显得焦虑):是的,像过去一样……

卡门(温柔地):您曾经是?

罗杰(悲伤地):是的。一切都完了……最悲哀的,就是听到人们说,"暴动曾经如火如荼!"

卡门:别再想这些了。也别去听外面的声音了。对了,下雨了。一场暴风雨冲击着整座山脉。

(戏剧腔)这里,是您的家园。(指着奴隶)让他说话吧。

罗杰(开始扮演自己的角色,对奴隶):那你会说话吗?你还会干什么?

奴隶(趴在地上):我会弯腰,还会趴得更低点儿。(捧起罗杰的一只脚搁到自己背上) 就像这样!……还能……

罗杰(不耐烦地):好吧……还有呢?

奴隶:还能钻进泥土里,如果有可能。

罗杰(抽一口雪茄):钻进泥土,真的吗?可这里没有泥土吧?

女王(对众人):他说得对。我们应该准备些泥土。一座装备精良的房子里……可这是开门的第一天,他又是第一个使用这间包房的……

奴隶(对罗杰):先生,我感到浑身上下都是泥。到处都是,除了嘴里。我的嘴一直张着,为了给您唱赞歌,呻吟般的歌唱让我出了名。

罗杰:出名,你也能出名,你?

奴隶:先生,是因为我的歌唱而出名,唱的是您的颂歌。

罗杰:所以,你的荣耀伴随着我的荣耀。(对卡门)他是说,我的名誉必须通过他的歌词唱出来吗?那……他要是闭嘴了,我就不存在了?……

卡门(干巴巴地):我很想让您满意,但您老是问剧本上没写的问题。

罗杰（对奴隶）：可是你，谁歌颂你啊？

奴隶：没有谁。我快死了。

罗杰：要是没有我，没有我的汗水、我的眼泪，没有我的鲜血，你是什么呢？

奴隶：什么也不是。

罗杰（对奴隶）：你会唱歌？你还做些什么？

奴隶：我们做一切可能的事情，为了在您面前变得越来越低贱。

罗杰：什么，比如说？

奴隶：我们努力让自己站着腐烂掉。说实话，这可不容易。生命是很顽强的……但我们能挺得住。我们不断地腐烂缩小，每……

罗杰：每一天？

奴隶：每一周。

警察局长（对众人）这不算什么。再努把力……

传令官（对警察局长）：安静。让他们把戏演完……

罗杰：这不算什么。再努把力……

奴隶（兴奋地）：努力让自己高高兴兴地腐烂。大人，您真美。美得让我怀疑您究竟是万丈光芒，还是所有黑夜连成的影子……

罗杰：是什么都无所谓。因为我除了在你的语言里是真实的，就再也没什么真实性了。

奴隶（朝楼梯爬去）：您既没有嘴，也没有眼睛和耳朵。但您整个就是一张嘴，发出雷鸣般的声音，同时也是一只眼，震慑和监视着一切。

罗杰：你明白了这些，可是……其他人知道吗？黑夜知道吗？死亡呢？石头呢？石头，石头是怎么说的？

奴隶（一直爬行着，开始往楼梯上爬）：石头说……

罗杰：嗯，我听着呢。

奴隶（停止爬行，转向观众）：水泥把我们一个个地粘在一起，为了建造你的坟墓……

警察局长（转向观众，高兴地捶胸）：石头都在跟我说话！

奴隶(接上话头):……水泥浸透了眼泪、唾沫和鲜血。泥瓦工的眼睛和手把我们的痛苦连在一起。我们属于你,除了你什么也没有。

(继续往上爬。)

罗杰(越来越兴奋):一切都在谈论我!一切都在呼吸着我,都在崇拜着我!我的故事终将被写成一页光辉的历史,被阅读。最重要的,是被阅读。

(突然发现奴隶不见了,对卡门):咦……他到哪儿去了?……他在哪儿?……

卡门:他去唱歌了。他已经回到阳光下。他会说……他抬过您的脚……还……

罗杰(担心地):嗯,还有呢?……他还会说什么?

卡门:说实话,他会说您已经死了,或者说,您在不停地死去,您的形象就像您的名字一样,无穷无尽地回响着。

罗杰:他知道我的形象无处不在?

卡门:因为恐惧而被收录、镌刻、铭记,这个形象无处不在。

罗杰：在码头工的手掌上？在孩子们的游戏里？在士兵们的牙齿边？在战争中？

卡门：无处不在。

警察局长（对众人）：这么说，我成功了？

女王（柔情地）：你幸福吗？

警察局长：是你干得漂亮。你的妓院大功告成了。

罗杰（对卡门）：在监狱里吗？在老人的皱纹里吗？

卡门：在。

罗杰：在大路的曲线上吗？

卡门：不要问没可能的。

（传来一声同样的公鸡啼叫和敲铁砧的声音。）

先生，时间到了。这场戏结束了。您从左边出去。走廊……

（又响起敲击铁砧的声音，比刚才更响。）

听见了吗？您该回家啦……您在干什么呢？

罗杰：生活就在旁边……但又那么遥远……这里，所有的女人都很美……她们除了美，什么用也没有。在她们身上,我们会忘掉自己……

卡门(干巴巴地):是的,说白了,我们就是婊子。可您必须得走了……

罗杰:去哪儿?回到生活中去?像人们所说的,继续干我的事……

卡门(有点着急):我不知道您是干什么的,我也没权力打听。可是您必须得走了。时间已经过了。

(传来敲击铁砧的声音和生活中的其他噪音:甩鞭子声、引擎声……)

罗杰:在这里时间太紧了。为什么你想让我回到我原来的地方?

卡门:您没什么可干的吗……

罗杰:在那里?是没什么可干的。在这儿,也没有了。在外面,在你称之为生活的地方,一切都消散了。任何真相都是不可能的……你认识尚达尔吗?

卡门(突然恐惧地):快走!您赶紧走人!

女王(恼怒地):我决不允许他在我的包房里胡闹!是谁把这个家伙带到我这儿来的?每次动乱过后,总有些流氓无赖混进来。希望卡门能……

卡门（对罗杰）：快走！也不许您问我问题了。我们妓院里的规矩很严，我们还有警察保护。

罗杰：不走！既然我演的就是警察局长，既然你们允许我在这里扮演他……

卡门（拽罗杰）：您疯了！您以为自己掌权了，像这样发疯的可不止您一个……过来！

罗杰（挣脱卡门）：既然有妓院，既然我有权来这里，我就有权把我选择的人物演下去，直到他命运的终点……不，是我命运的终点……他的命运和我的命运混淆了……

卡门：别嚷嚷，先生，所有的包房都有人。过来……

罗杰：一无所有！我什么都不剩了！即使是英雄也不剩下什么了……

（卡门尽力让他出去。她打开一扇门，另一扇门，又一扇门……她迷路了……罗杰拿出一把刀子，背对着观众，做阉割自己的动作。）

女王：在我的地毯上！在我的新毛绒地毯上！这个神经病！

卡门（尖叫）：在这儿干这个！（大喊）夫人！伊尔玛夫人！……

（卡门终于把罗杰拖走了。

女王冲出来。所有的人物：警察局长、传令官、法官、将军、主教都转过身来，离开窥视孔。警察局长走到舞台的正中。）

警察局长：演得好。他相信已经被我灵魂附体了。

（手伸进裤裆，明显地摸了摸睾丸，放心了，舒了一口气。）

我的还在。那我们两个人，到底是谁完蛋了？他还是我？就算在世界上的每一个妓院里，我的形象都被阉割了，我还是保持完好无损。完好无损，先生们。（停顿）这个管道工不会演戏，就这么回事儿。（快乐地呼唤）伊尔玛！伊尔玛！……她在哪儿呢？她又不用去包扎。

女王（进来）：乔治！前厅！……地毯上全是血……前厅里挤满了客人……我们正在尽量擦洗。卡门都不知道把客人们往哪儿安排了。

警察局长：我的一个形象将永远秘密地流传。被阉割了？（耸耸肩）那有什么关系。还是会有一场低沉的弥撒颂扬我的荣耀。通知厨师们！给我送来够吃两千年的食物！

女王：那我呢？乔治？我还活着呢！……

警察局长（没听见她的话）：那么……我在……哪里呢？这里，还是……千百次地在那里？（指着坟墓）现在，我将会是善……虔诚……公正……你们看到了吗？你们看到我了吗？刚才，在那里，比伟大更伟大，比坚强更坚强，比死人更死人？所以，我跟你们没什么关系了。

女王：乔治！可是我依然爱你，我！

警察局长（走向坟墓）：我赢得了坐等两千年的权力。（对摄影师们）你们，看着我活着和死去。给后代留一张像吧：灯光！（三个镁光灯几乎同时一闪）成功！

（他非常缓慢地倒退着走进坟墓，同时，三个摄影师随随便便地扛着各自的器材从左侧幕布下台。下去前，挥手道别。）

女王：是我为你做了一切,安排了一切……乔治,留下来……你要……

(突然间一阵机枪扫射声。)

你听到了吗!

警察局长(大笑):记住我!

(法官和将军冲过去挽留他,但门已开始关闭了,警察局长走下最初的几级台阶。又一阵机枪扫射。)

法官(抵住门):别丢下我们!

将军(沮丧地):总是这辆马车!

传令官:抽回您的指头吧,您要被夹手了!

(门完全合上了。剩下的人物一时间不知所措。又一阵机枪扫射声。)

女王:先生们,你们可以走了……

主教:可是……大半夜的?……

女王(打断他):你们从那个对着巷子的小门出去。有辆车在等你们。

(她点头道别。主教、法官、将军从右边下。又一阵机枪扫射声。)

女王：谁在打枪？……我们的人……还是暴乱分子？……或者？……

传令官：夫人，是做梦的人……

（女王走到房间的各个角落，关上各个开关。每一次，都有一盏灯熄灭。）

女王（不停地关灯）：……叫我伊尔玛，伊尔玛夫人，您回去吧。晚安，先生。

传令官：晚安，伊尔玛夫人。

（他离开。）

伊尔玛（独自一人，继续关灯）：我得点这么多的灯……一天一千法郎！……三十八间包房！……全部都是镶金的，全部通过机器连接起来……这么多的演出，我一个人控制，我是这座房子和我自己的总管、老鸨。（关上一个开关，又把它打开了）啊，不，这是坟墓厅的，乔治需要能亮两千年的灯光！……还得有够吃两千年的食物……（耸耸肩）终于都安排好了，饭菜也备好了。永垂不朽，就是带着几吨重的食物进坟墓！……（转向幕布，呼唤）卡门？……卡门？……插上门，亲爱的，把家具罩上……(继续关灯)过一会儿,就得重新开始了……把灯再全部点上……穿衣打扮……(公鸡的啼叫)穿衣打扮……啊,改头换面!重新分配角色……承担我自己的角色……(停在台中间,面向观众)……准备好你们的角色……法官们、将军们、主教们、卫兵们、葬送了暴动的暴动者们,我会准备好明天的戏服和包房……你们该回家了,你们不要怀疑,你们家里的一切都比这里更虚假……你们得走了……你们从右边出去,走小路……(熄灭最后一盏灯)天已经亮了。

(一阵机枪扫射声。)

剧终

怎样演《阳台》[*]

在伦敦艺术剧院,我观看了《阳台》的演出,演得很糟。在纽约、柏林、巴黎的演出我没有看,但据说也同样很糟。伦敦的导演一心只想抨击英国王室,尤其是女王,并且把将军和战马的那场戏演成了对战争的讽刺,布了些实景甚至还有铁丝网。

在高级妓院里放上铁丝网!

纽约的导演则几乎删除了所有关于革命的内容。

柏林的头一位导演,活像个普鲁士下等军官,竟然想把伊尔玛夫人窥视和监听每个包房的仪器变成一组彩色电视屏幕,观众可以在屏幕上看到伊尔玛描述的景象。另外还有一个德国佬才想得出的主意:让所有人物穿上二十世纪最初十年的服装。

在巴黎的演出中,将军变成了海军上将或院士,伊尔玛夫人,也就是扮演伊尔玛夫人的女演员,拒绝在大幕拉开时上场,还非要卡门来念头几场里本属于伊尔玛的台词。女演员们换掉了一些词,导演改动了剧本。

在维也纳,在巴塞尔,我也记不清了,或者根本就不知道。

巴黎演出中的旋转舞台真是愚蠢。我的原意是想让各个布景依次出现,布景一个接一个地从左到右移动,就好像它们在观众眼前被连接在一起。我的意图应该说是很清楚的。

头四场戏几乎全都要以夸张的方式表演,但仍有一些段落的调子应当自然,这样才能把夸张的部分烘托得更强烈。简而言之,不能模棱两可,而要区分两种截然不同的调子。

相反,从伊尔玛夫人和卡门的那场戏开始一直到结束,则需要采用一种始终模棱两可、真假难辨的调子。

随着形势的变化,人物的情感是真实的还是虚假的?剧终处警察局长对三位大人物的怒火,是真实的还是虚假的？暴动者存在于妓院之内还是之外？一直到全剧结束都必须是模棱两可的。

本剧作者希望——这里只涉及最后一场戏——人们不要以加快演出、力图更清晰、前文已经说过了或观众已经明白或腻烦了为借口，删除或缩减剧中的解释性内容。

女演员不要用文雅的词替换"妓院""婊子"之类的词。她们可以拒绝演我的戏——可以用男演员顶替她们。否则她们就要尊重我写下的台词。要是她们把我的词念反了，我倒是不介意，比如"院妓"、"子婊"。

要努力把伊尔玛和卡门之间的竞争对抗表现出来。我的意思是:谁在主导——无论妓院还是这出戏?是卡门还是伊尔玛?

是我想出的主意,让三个主要的大人物穿上厚底靴。演员们穿着它怎样才能好好走路而不摔倒、不被他们长袍的裙裾和花边绊住?他们自己去学习吧。

演出一开始,伊尔玛的服装必须非常朴素,这是自然而然的。人们甚至会觉得她在服丧。在她与卡门的那场戏中,她才开始梳妆打扮,穿上长裙。在阳台上的那场戏中，长裙配上各种饰物，变成了女王的王袍。

与巴黎演出的做法相反，三个大人物（主教、法官、将军）应该根据演出所在国的制服式样，穿戴相应的服装。在法国，法官应该是我们地方法院法官的那身打扮，而不是戴着假发的英国法官。将军应该戴一顶带星的或饰有橡树叶的军帽，而不是英国海军上将的样子。服装要有表现力，但不应当难以辨认。

不能总说缺点，伦敦的导演有一个不错的想法。扮演战马的女演员在将军发表大段独白时，深情地用木炭条在他脸上画了两撇八字胡。

最后一场戏的摄影师应该穿着演出所在地当时最时髦的年轻人的服装，仿效最时髦的年轻人的举止。在1966年的法国，他们就应当穿黑色皮夹克和蓝色牛仔裤。

应该臆造出革命者的形象，然后画成或塑成面具。因为我想象不出任何人，哪怕是里昂的新教徒，会长着角色所要求的那么瘦长、悲惨而凶残的脸。戴上固定的面具可能会比较好。但这场戏绝不能再做任何删减。

在伊尔玛和警察局长之间，短暂的孤独时刻应

当流露出一份温柔的旧情。我不知道为什么是这样。

当然,我写下的所有这些都不是给聪明导演看的。聪明导演明白要怎么做。可其他导演呢?

还有一点:不要把这出戏演成针对这个或那个的讽刺剧。它是对"形象"和"倒影"的赞美,所以要演绎成这样的赞美。只有如此,不论是不是讽刺,它的涵义才能显现出来。

---

* 《怎样演〈阳台〉》写于1962年,从中可以看出热内对此前两个演出版本的失望,这两个版本分别是1957年德国导演彼得·扎德克在伦敦上演的《阳台》,和1960年英国导演彼得·布鲁克在巴黎上演的《阳台》。此外,《阳台》也已经在纽约、维也纳、巴塞尔、柏林等地排演,这几个版本热内只是听说而没有亲自观看,却也毫不留情地提出了批评。——译注

关于《阳台》的书信

致让-路易·巴霍①

比利时根特市，1959年夏

亲爱的朋友，

我现在在根特，刚刚看到您的来信，向您表示感谢。《阳台》已给我带来不少麻烦。如果您排演它或试图排演它，也会遇到不少困难。我其他的剧本还没修改好。我在继续工作，说实话，我觉得它们是无法上演的。对我而言，重要的是把它们写出来，而写出来是为了取悦我自己。当然，这些剧本只要一

---

① 让-路易·巴霍（Jean-Louis Barrault，1910—1994），法国戏剧导演、演员，曾任马里尼剧院总监和奥德翁国家剧院总监。曾考虑执导热内的剧作《高度监禁》，但由于剧作内容有伤风化，未能实现。此事一度引起热内的误解和怨恨。但巴霍敏锐的戏剧鉴赏力让他对热内的青睐始终如一，密切关注热内的每一部剧作。1966年，他任奥德翁国家剧院总监期间，克服重重阻力，排演了热内的《屏风》，并十分谦虚地把导演的位置让给罗杰·布兰。赢得热内真诚的尊重。布兰也是戏剧导演、演员，热内的朋友。——译注

完成，我就会寄给您一份。

现在我正在根特排练一个杂技节目——当然不是我自己去走钢丝①——这事一结束我就回巴黎：我保证一回去就与您联系，我们可以见面，我会和您谈谈我的写作。

再次致谢。再会，并向您和马德莱娜·雷诺奉上友谊。

让·热内

---

① 当时热内的情人、钢丝表演艺人阿布达拉因演出时摔伤第一次接受手术治疗，正在进行恢复训练。——译注

致安托万·布尔塞耶[①]

巴黎，1969

亲爱的安托万，

也许我的信令您不安。或是我谈论戏剧的语气。我得让您放心。这并不涉及我自己的剧作，但是：（至少对我来说）

所有的戏剧、所有的演出都是一种幻境。我所说的幻境不需要镜子、华丽的布幔或巴洛克式家具：它处于一种语调中，这语调会因为一个词而被打破——幻境也会因为一个词而被打破，但必须找到这个词和这种语调。幻境存在于一个动作当中，这个动作此刻还没有做到位；幻境在于小指的一个动作，它出了错；幻境在于，一个日本能剧演员或强壮

[①] 安托万·布尔塞耶（Antoine Bourseiller, 1930—2013），法国戏剧演员、导演，曾任香榭丽舍剧院、蒙帕纳斯口袋剧院、普罗旺斯西南剧院、奥尔良等剧院的总监。1969年，他在马赛的体育馆剧院排演了《阳台》。——译注

的出租车司机当着观众的面化妆、以某种(虚假的)姿势持扇子、向前垂下肩膀,于是变得女里女气,好像第一位神道教女信徒。

我希望我的剧本飘忽不定,从中能产生幻境。但所有这些都太难了,阿特拉斯山①太遥远,且徒劳无用。

我不懂什么大道理,或许只知道这一点:应当欺骗自己。我是说:私下里也演演戏。

导一出漂亮的戏吧。您就不会再害怕我了。但在您给我的信中,有一点艺术家式的卖弄情调,不是吗?

拥抱您。

让·热内

---

① 阿特拉斯是希腊神话里的擎天神,属于泰坦神族。他被宙斯降罪,惩罚他以双肩支撑苍天。传说中,北非国王是阿特拉斯的后人。北非阿特拉斯山脉是以他来命名。——译注

致贝尔纳·弗莱希曼①

安特卫普,1957 年 11 月 21 日

我亲爱的弗莱希曼,

我在安特卫普。明天去阿姆斯特丹。在这里我重新发现了我生命中一段漫长的时光——至少是最意味深长的一段。一切都没有变,和当年一样。奥萨克路还是原来的样子,满是站街的妓女。

说到《阳台》,一切都不顺利。三个小时之前,玛丽·贝尔②给我打了电话。布鲁克③和施密德已经泄气了。我早料到会是这样。布鲁克的人道主义品

---

① 贝尔纳·弗莱希曼(Bernard Frechtman),热内的文学经纪人、翻译家、戏剧研究家,热内作品的英文版很多是由他翻译的,他也译过萨特的一些作品。——译注

② 玛丽·贝尔(Marie Bell,1900—1985),法国戏剧演员。她在 1960 年彼得·布鲁克导演的《阳台》中扮演伊尔玛夫人。——译注

③ 彼得·布鲁克(Peter Brook,1925—),英国戏剧导演、电影导演、剧作家、演员,1960 年在巴黎的体育馆剧院执导了热内的《阳台》。——译注

质比他的导演才能更令我担心。他的道德热情，让我不曾抱有幻想。只有玛丽·贝尔会真的感到失望。而我，我已经忘掉《阳台》了——我并不太喜欢这出戏，它只是有助我实现一个飞跃，写出更美的戏。所以您可以想象我是多么不在乎。对我来说，重要的是知道我能写什么，而不是我能让人演什么。今晚，我要修改《贾科梅蒂的画室》①，改完就寄给您。

明天，我要去参观伦勃朗的画。答应我，永远不要让我作这样的思考——关于我自己的表达和伦勃朗的表达的思考。这种比较不仅荒诞滑稽，想想吧，它们会令一个人感到怎样的困扰。不过，一个人只应该被看作是另一个人。这与其说是平等（égalité），不如说是相等（équivalence）。②

您说要在《明证》（*Preuves*）杂志上介绍我的剧作，如果这仍在您的计划之中，我将十分高兴。您在

---

① 热内论艺术的札记，中译本见《贾科梅蒂的画室》，程小牧译，吉林出版集团2012年版。——译注

② 这一问题在热内写伦勃朗的文章中有所讨论，见《贾科梅蒂的画室》一书。——译注

《黑鬼》与《疯狂先师》①之间建立了十分准确的联系。很多可能的关联和类比都可以展开讨论，把这些写出来吧。但就像您说的，所有这些驱魔仪式的戏剧都已经死亡了。被遗忘。《屏风》已相当具体地指明了我要去的方向。

我的外表没有任何变化，只是今晚我戴了一副手套，羊毛手套，灰色的。

致以友谊。

让·热内

意大利，1960年6月

---

① 《疯狂先师》（*Les Maîtres fous*，1955）是法国人类学家、电影导演让·鲁什在非洲拍摄的作品，热内承认自己的剧作《黑鬼》深受其影响。——译注

我亲爱的弗莱希曼，

在出发去布林迪西之前，我给您写几句话。

在读了不少文章及您的信、看了《阳台》的一些剧照之后，我意识到这次演出不是太好。我向您保证，这是撇开对布鲁克的反感而作出的客观评判。我发现他一方面执著于戏剧的讽刺性，另一方面又把这讽刺的锋芒去除了。比如，将军确实该穿一件风格化的制服，但这制服必须能让我们认出这是一个法国将军。可他戏中的将军却打扮得像在轻歌剧里一样。说到底，如果我们愿意，可以把《阳台》变成讽刺剧，但同时也应该是一个欢乐的节日，一场真正的狂欢，观众能感到满足——就像他们读宴饮故事一样。演出应该既严肃又带着微笑进行。然而，布鲁克的戏相当做作，相当平庸，像一个强加于人的教训。无论如何，这应该是一个在妓院里讲述的近乎真实的故事。

通过对《黑鬼》的评论及剧照，我能感觉到还是布兰①最理解我想要做的：被扼制的谵妄及其反抗。《阳台》就是一场谵妄，被一个古典舞蹈老师纳入秩序之中，摆出姿态。

我要重写这出戏。它需要被重写。

致以友谊。

让·热内

希腊，1960年夏，

我亲爱的弗莱希曼，

您给我的信写得很漂亮，清晰，明确，情绪高

---

① 罗杰·布兰（Roger Blin，1907—1984），法国演员、戏剧导演，热内的朋友，曾出演《阳台》，导演了《黑鬼》和《屏风》。——译注

涨,所以很健康。总之,您一切都好。只是对我而言,情况很糟糕:

我不想为玛丽·贝尔重写剧本,她让我烦透了①。当她向我提出这个要求的时候,我匆匆答应了。这个臭娘们儿,她把这个戏弄得面目全非,很白痴。

说到巴尔布扎②,他得赶紧出版《屏风》。否则,您就给他寄一封挂号信,让他务必在一个月内向您提供保证书,否则剧本将授予另一家出版社。很显然,巴尔布扎害怕了③,伽里玛也一样。必须把他们逼到墙角,立刻。

过几天我要去奥地利。我腻味希腊了,这里的

---

① 玛丽·贝尔在布鲁克导演的《阳台》中扮演伊尔玛夫人,她想只在第五幕后出场,要求热内把前四幕中伊尔玛夫人的戏删掉。而且她拒绝说"窑子"、"婊子"等台词。——译注

② 马克·巴尔布扎(Marc Barbezat,1913—1999),法国出版商,弓弩出版社(L'Arbalète)创始人,出版了热内的许多作品。——译注

③ 《屏风》涉及阿尔及利亚战争的敏感内容,此时该场战争还没有结束,法国政府对阿态度强硬,因此法国出版社对《屏风》中的政治立场有所顾虑。——译注

一切都让我厌烦。

一到奥地利,我就着手阉割我的剧本,免得您操心。

请把账目表给我寄来。六月份过后,您应该就已收到了《阳台》的所有版税报酬。

您去报税是对的。但您一拿到《阳台》在体育馆剧场的演出收入,就请帮我存到瑞士的账户上,因为我想给阿布达拉买一匹马。养马挺贵的。

我想尽快完成《苦役》。

《屏风》的英文本您翻译得怎样了?

格罗夫出版公司①的《阳台》和《黑人》反响如何?德译本的情况呢?我一点都不知道。

《黑鬼》什么时候在美国上演?

布兰在干什么?

在我给你奥地利的新地址之前,别给我写信了。您的假期激情洋溢,而我的却像火烧屁股。

---

① 格罗夫出版公司(Grove Press)是热内的美国出版商,先后出版了弗莱希曼翻译的《女佣》、《鲜花圣母》以及《阳台》和《黑鬼》。——译注

我第六次或第七次捧起卡夫卡的书，还是让我气馁。我无法进入他。我能够理解，但只是智力上的理解，理解那些训导，我看得出他的技巧——有一些很精深——看到第五页我就会打哈欠。

最后这些话是为了让您感受一下我的沮丧。

致以友谊。

热内

洛迦诺，1960年10月29日

我亲爱的弗莱希曼，

我没什么特别的事要对你说，但我真是烦透了。因此给你写信。为了稍作修改，我重读了《阳台》：它真糟，写得真糟。自以为是。怎么办呢？如果我努力去达到一种更中性的、不那么别扭的风格，这会将我的想象力引向神话或某些过于明智、过于惯常的主题。因为创造并非讲述。为了创造，我必须把自己置于一种状态，这种状态通往离奇的虚构，而虚构本身让我不得不采用一种夸张风格。这是联系在一起的。但在《屏风》中，我相信自己获得了另一种风格。虚构变得更加理性。于是这出戏也更平淡。更闷。贴着地面。爬行的。

我得继续写《苦役》。我搞错了，一开始就使用了太庄严的语气。虚构能力将我引向意想之中的效果，几乎是套路的，平庸的社会性的效果。我相信我现在找到了合适的语气。但我没有勇气去攻克这个剧本。一切都得重来，从头到尾。并且在此之前，我想先弄完两三百页的《死亡》。我写得很糟。很没劲。

如果我能成功地完成，《苦役》将是我最好的剧本。我就可以封笔十年了。

您应该跟我谈谈您对《屏风》的印象。几句话就会对我有帮助。不是"很美"或"令人赞叹"之类的客套话，而是谈谈它的成功之处是什么，失败之处又在哪里。

我没有在"不服从宣言"①上签名,尽管马斯科罗给我写了十分恳切的信,尽管我的内心有此愿望。我不能直白地使用任何一个词语;坚持这样做是很难的。我一直以虚构的传奇、以最暧昧的语言来表达自己,这很痛苦。首先因为我必须在内心保持这种复杂的暧昧——每一刻都有风险和道德危机——同时也是因为朋友们所形成的或可能形成的对我的看法,对此我很怯懦。因为连弗罗伦丝·马尔罗②也给我打电话,说她很惊讶我没有签名。我向她作出了解释,她表示理解,但还是很遗憾"121宣言"上

---

① 全称是《关于在阿尔及利亚战争中的不服从权宣言》(*Déclaration sur le droit à l'insoumission dans la guerre d'Algérie*),又称"121宣言",宣言由迪奥尼斯·马斯科罗和莫里斯·布朗肖共同起草,由121名法国著名知识分子联名签署,发表于1960年的《真理-自由》杂志。宣言称法国对阿尔及利亚的战争是非正义的,法国人民应听从自己的良知,而不必服从官方命令,他们有权选择站在阿尔及利亚人民一边,援助他们的民族解放事业。该宣言对于法国的战败和阿尔及利亚最终赢得民族独立起到了十分关键的奥论动员作用。——译注

② 为安德烈·马尔罗之女。——译注

缺了我的名字。对我来说,我没什么可遗憾的。我只是想告诉您,由于所有这些原因,我的处境很不妙。我完全能体会那种反抗,且全部感同身受,但我不能说出来。我是法国唯一不能把它说出来的作家。塞利纳①可以去支持类似的反抗,只要他愿意,因为他的叛逆甚至他的错误都是"高贵的"。

跟我谈谈《屏风》吧。从戏剧角度来谈。有士兵的那几场戏是否足够强烈?我们能看见士兵吗?那三个老妇人呢?萨伊德?风格?可以称之为风格吗?

我想为一个能容纳两万人的剧场写剧本。所以必须找到一种风格,不是私语的,而是呐喊的,并为这些呐喊设置情境。为盒子般的空间写作令我窒息——今天的剧院空间都是如此。我相信有一天,我们去剧院会像去节日庆典一样,最好是露天

---

① 路易-费迪南·塞利纳(Louis-Ferdinand Céline,1894—1961),法国作家,其代表作《长夜行》根据自己在第一次世界大战的参军经验写成,是一部极为彻底的反英雄小说。塞利纳在"二战"中的反犹立场使他饱受诟病,成为其后半生的严重历史问题。——译注

的——一年去十到十二次,无需更多。每晚都去电影院或剧院简直愚蠢透顶!为了看到和听到什么呢?只有两出现代戏剧配得上在埃皮达鲁斯剧场①上演:《黑鬼》和《等待戈多》。戈多的语言很简单,但其表现力在于沉默、在于肢体动作(贝克特曾说过)。在埃皮达鲁斯剧场,如果我们坐在最后几级台阶上,会觉得似乎是用望远镜看到了一出很美的剧。像这样,《黑鬼》以及他们莫名其妙的对话才会适得其所。《阳台》则不行。那《屏风》呢?我不知道。只有等它印出来,我才能做最终的修订。

所有这些都让我很烦心。

致以友谊。

热内

---

① 古希腊圆形剧场的代表。埃皮达鲁斯(Epidaure)位于希腊半岛东南端,原为古希腊的一个城邦。相传是阿波罗之子医神阿斯克勒庇俄斯的出生地,祭奉他的圣殿遗迹以及埃皮达鲁斯剧场,至今仍保存着。——译注

奇谈怪论*

"城市化"是一个奇怪的词，它来自教皇乌尔巴诺八世①，来自大都会罗马。这个词不再关心死人。活着的人从此开始摆脱死者的尸体，暗地里或公开这样做，就好像我们从这一可耻的想法中获得了解脱。城市中的人们把尸体送进焚尸炉，他们就这样摆脱了戏剧的庇佑，或摆脱了戏剧。在城市的中心或边远处，墓地被火葬场的骨灰堂所取代。这些地方带烟囱或不带烟囱，冒烟或不冒烟，死人被烧成灰，就像面包烤焦成灰，然后成为集体农庄的肥料，远离城市。尽管如此，某些时候焚尸炉还是可以染上一种悲剧情调，当某一个人被庄严地活活烤熟了的时候，当某一都市或国家的一大群人想要灭绝另一群人的时候——焚尸炉，就像达豪集中营②那

---

① 乌尔巴诺教皇，法语为 Pape Urbain，"乌尔巴诺"（Urbain）这一人名的原意是"城里人"，与"城市化"（urbanisme）一词同根。此处应是热内从字面出发的联想。——译注

② 达豪集中营，1933 年建成启用，是纳粹德国所建立的第一座集中营，位于德国南部巴伐利亚州达豪镇附近的一个废弃兵工厂，距离慕尼黑 16 公里，曾先后关押超过 188000 人，其中 32000 人死亡。——译注

样，当未来逃脱了时间的记忆，脱逃了过去也逃脱了未来，只有它的建筑依旧。总有一个清洁队在维护那个烟囱，他们在这个粉红砖砌的高高竖立的阳具下哼着浪漫小调，或吹着莫扎特的曲子，清扫张着大嘴的烤炉。烤炉的铁格上可以同时焚烤十到十二具尸体。某种形式的戏剧就可以这样流传不朽。但如果在城市中，焚尸炉被掩藏起来，或缩减到杂货铺的规模，戏剧就死亡了。在未来的城市蓝图中，我们应当要求在城市中安置一个墓地，在那里继续埋葬死人，或者设计一个令人不安的焚尸炉，造型简单但十分巨大，在它近旁，在它的荫蔽下或者在坟墓之间，设立一所剧院。明白我想说什么了吗？剧院应该建在离那片荫蔽最近的地方，它守护着我们埋葬死人的地方，或守护着那消化了死人的唯一的纪念碑。

戏剧的目的之一是让我们逃离时间，我们说时间是历史的，但其实它是神学的。它是从一个神秘

的、充满争议的被称为"基督降临"的事件开始计算的。然而在戏剧中，从一开始，即将展开的时间就不属于任何编年历，它既逃离基督教的时代，也逃离革命的时代。尽管我们所说的历史的时间并不会从观众的意识中完全消失；另一种时间、一种观众全身心去经验的时间就已然展开。后一种时间无始无终，它通过社会生活跳脱了必然的历史常规，然后又进一步跳脱了社会常规。这并不是为了造成任何混乱，而是为了一种解放——戏剧化的事件暂停在自身的时间中，越出了可以计数的历史时间——为了一种目眩神迷的解放。

基督教的西方想尽各种办法诱使世界上所有的民族进入同一种纪年。这种纪年起源于一种假说，即上帝降生为人。这只是一种个别的历法，西方却试图将它加诸全世界。

世界被纳入了一种被命名、被计算的时间，从一个只让西方人感兴趣的事件开始计时。如果全世界都接受这种时间，那么人们就面临很大的风险要按基督教的节庆仪式来规定自己的节奏，整个世界都会被纳入他们的节奏。

看来,让"降临"变得多样化是迫切的。从不同的元年来计时,不同的历法才能建立起来,摆脱那种强加的统一的纪年法。我甚至考虑,无论哪一种私人或公共的事件,都可以成为多样化的纪年法的起点。以此去湮没基督纪年,它是从一个**十分可疑的诞生**开始计算的。

戏剧……

戏剧?

戏剧。

到哪儿去?以怎样的形式?包含着舞台空间和观众席的剧场?

场所。一个意大利人曾想建造一个各部件可以活动、建筑可以根据不同剧目变化的剧院。他几乎还没说完,我就回他说,剧院的建筑是可以供人去重新发现的,但应该是固定的、静止的,以便我们能认定它的责任：它的形式将会是评判的依据。借助运动的做法太简单了。如果我们愿意，就走向消亡吧，但要在完成了我们不可逆转的行动之后，根据这行动我们将受到评判。或者，如果愿意，既定的行动会对自己作出评判。

既然我没有什么精神权威——如果这种东西存在，我并不苛求剧场应由一个有冥想能力的人或群体，在尽力沉思之后选定；然而建筑师还是必须发现剧场存在于世的意义，必须带着近乎祭司般的、含笑的庄严去建造他的作品。在他的建造过程中，需要一群人的支持和保护，这些人不懂建筑，但要有真正大胆的冥想力，能在内心发笑。

如果我们暂时接受了时间与历史的通行概念，

也承认在照相术发明后,绘画就不再是它以前所是的东西了,那么戏剧,在电影和电视出现之后,也不再是它以前所是了。从我们了解戏剧以来,除了它的基本功能,每一出戏都充满了从属于政治、宗教、道德等的或其他种种顾虑,它们专横地改变了戏剧行动。

或许——我总是说或许,因为这只是孤立的个人观点——或许电视和电影能更好地完成教育功能:这样戏剧就可以被清空了,或许是纯化了,将充塞着它的东西清除掉。或许它就可以因自身的特性而发出光辉,这些特性或许是有待发现的。

在摄影术发明之前,除了某几张绘画作品,或它们的一些局部,很少有画家能摆脱似真性的焦虑,去见证某种不同的视野。这种愚蠢的焦虑显而易见。那些敢于既服务于绘画对象又服务于绘画本身的画家们,也只是在描绘一朵花或一条裙子时进行实验

（委拉斯凯兹、伦勃朗、戈雅），却不敢触及人物的面部（除了哈尔斯的《圣伊丽莎白医院的理事们》）。面对摄影的成果，画家们很可能深感窘迫。当他们恢复平静后，他们发现了绘画还意味着别的什么。

同样，或者大致类似，面对电视和电影所能做到的一切，戏剧家们也深感窘迫。如果他们愿意承认，并且也能够看到，戏剧无法与电视或电影的强大技术媲美，那么剧作家们就能够发现戏剧本身的特性，这些特性或许只属于神话。

政治、历史、古典心理学的演绎，夜晚的娱乐都应该让位于一种更加——我不知怎么说才好，或许是更加辉煌灿烂的东西。所有这些臭大便、粪水都应该排泄出来——人们会明白，那些有点刺耳的词汇并不是臭大便或粪水。另外，我要讲明，这些词以及它们唤起的情景在我的戏中有很多；因为在大多数戏剧作品里，人们都"忘记"了它们：我们称之为粗话的词语及其情景都汇集在我这里，躲在我的戏剧中，那这里它们得到庇护。如果我的戏散发着臭气，那是因为别的戏太香了。

戏（le drame），也即演出时的一幕剧；不是随便什么事都可以变成一幕剧的，但一幕剧总能在随便什么事中找到缘由。其实在我看来，随便什么可见或不可见的事件，如果它是孤立的，也就是说，是在延续性中可以被抽取的片段，那么只要它被很好地编排，都可以成为一幕剧的缘由，或者成为一幕剧的开始或结局。我们所经历的各种事件都可以成为一幕剧，只要我们从中感到烈火的灼烧，而这火焰只有被拨得更旺才能熄灭。

政治、娱乐、道德等，与我们所思虑的东西无关。如果它们非我所愿地滑入一幕剧中，我会驱逐它们直到抹去所有的痕迹：它们是些残渣废料，可以拿去拍电影或电视剧，拿去编漫画或图片小说——啊，会有一个墓地去埋葬这些金属残片。

但终究什么是戏？如果在剧作家那里有一个灵光乍现的起源，那么他必须抓住这道闪电，并从这片照亮了虚无的光出发，去组织一个词语的建筑物——合乎语法的、充满仪式感的建筑物。这个建筑物悄悄显示出，一种展现了虚无的表象摆脱了虚无。

这个建筑物悄悄显示出，一种展现了虚无的表象摆脱了虚无。

我们应注意到，双眼和头颅低垂的基督教祷告姿态不利于沉思。这种身体的姿态要求一种封闭、顺从的智力姿态，它阻止了精神探求。如果我们选择这种姿势，上帝可能到来，并使你从后颈开始融化，打下他的印记，这印记很可能永久不散。为了沉思，应该发明一种开放的姿态，而不是委身于上帝，这种开放的姿态并不是挑衅。应该保持警醒。只要稍过顺从，上帝施以恩惠，我们就完了。

在现在的城市中，唯一应建造剧院的地方就是墓地，啊，这仍是在城市边缘。这既对墓地有利，也对剧院有利。剧院的建筑师不能忍受在这样一个地方出现愚蠢的建筑，因为这里是家族埋藏先人的地方。

推倒那些礼拜堂。或许只留下一点废墟：一块柱石、一个三角楣、一双天使的翅膀、一只打碎的水瓮，为了展现复仇的愤怒造成了这第一出悲剧，最终，从所有腐烂的死尸中长出的植物，或许还有一株强劲的草，将遍布死者的领地。如果在这里为剧院保留一块地，那么观众必须穿过沿一座座坟茔伸展开的小径（到达剧院或离开剧院）。让我们想想，看完莫扎特的《唐璜》的观众应当从怎样的出口走出来吧，从长眠在地下的死人堆中离开，然后回到世俗生活中。那么，他们的交谈甚至沉默，都将全然不同于从一家巴黎剧院走出来时的情景。

死亡将更近更轻盈，而戏剧将更沉重。

在墓地中建造剧院还有其他的原因。这些原因更加微妙。需要由你来发现，在你的内心中发现而无须界定或命名它们。

纪念碑式的剧院——其风格仍有待发现，它应该像司法殿堂、死者纪念碑、大教堂、众议院、军官学校、政府总部、黑市和毒品交易的秘密场所、天文观象台一样重要——它的功能是集所有这些东西为一身，但以一种特定的方式：位于一个墓地中或紧挨焚尸炉，焚尸炉上有一个僵直的、斜耸的、像阳具一样的烟囱。

我所说的,不是死亡的墓地,而是活生生的墓地,或者说,不是那种只剩下碑铭的墓地。我说的墓地,是我们仍在继续挖掘墓穴、埋葬死者的墓地,而我说的焚尸炉,仍在夜以继日地炙烤尸体。

之前提到过,我是怎样考虑一个新剧院的布局的,我的看法简略而笨拙。谈到理想观众的问题,他们应该是受过足够训练、能够整体思考戏剧和正在上演的这出戏的人。

我没有太多地为剧院操心,我觉得重要的并不是增加演出场次,以便让大量的观众去享受戏剧

(?),相反是要把我们称之为排练的试验进行到底,而最终只演一场。这一场演出的强度如此之大,它光芒四射,点燃每一位观众,这光芒足以照亮那些没来看戏的人,让他们也感到战栗。

说到观众,只有那种为了与神秘物相遇而敢于深夜里在墓地散步的人,才应该来剧院。

在墓地里建造剧院,既出于城市化的考虑,也从属于文化,一旦采取这样的布局,戏剧作者就会少一些无聊趣味,在排演剧作之前,他们会考虑再三。他们或许可以接受关于自己的癫狂征象,或接受某种近乎癫狂的无聊。

墓地带着淡淡的恩惠,到了一定的时候,它将被剥夺。当我们不再在那里埋葬死者时,墓地就死亡了,但死得优雅,苔藓、硝石和地衣覆盖了石板。建在墓地中的剧院或许也会死亡——剧院会关闭,就像墓地一样。或许会消失?有可能戏剧艺术有一天会消失。必须接受这个想法。假如有一天人类活动越来越革命，戏剧在生活中将不再有位置。假如有一天，精神的麻木只能引人做梦，戏剧也会消亡。

在历史中寻找戏剧的起源和在时间中寻找历史的起源，都很愚蠢。这是浪费时间。

如果失去戏剧，我们会失去什么？

墓地将是什么样子？一个能够分解尸体的焚炉。我之所以要谈论一个坟墓中的剧院，是因为在今天死亡这个词是晦暗不明的。在一个如此欢欣地走向条分缕析的光明的世界，不再有任何东西能保护我们半透明的眼皮，我相信应该加入一点晦暗，就像马拉美那样。科学破解一切或想要破解一切，但我们受不了了！我们应当寻求庇护，并非在别地方，而是在我们被巧妙地照亮的肺腑深处……不，我搞错了：不是寻求庇护，而是发现一处清凉而热烈的荫蔽，它就是我们的作品。

尽管坟墓已经难以辨认，墓地还是会得到很好的维护，焚尸炉也是。有一天，一些欢快的队伍——德国就有不少——会吹着口哨打扫它们，但只是吹着口哨。烤炉和烟囱的内部仍是炭黑的。

在哪里？我曾经读到，但有可能我的记忆有误，应该是在罗马，曾经有过一种葬礼哑剧。它的作用？在送葬队伍的最前列，哑剧演绎出死者生前最重要的事件，这些事件构成了他的一生。

即兴编排姿势和态度？

词语。我不清楚为什么，历时久远的法语隐藏又揭示了一场词语发动的战争，敌人般的兄弟，相互争吵又相互迷恋。如果传统和背叛是源于同一种运动，通过这种运动，在整个语言发展的过程中，词语知道自己是在扭曲中联系在一起的吗？

法语这种语言并不比其他语言有过更糟糕的经历，但这种语言像其他语言一样，使得词语好像是发情期交叠在一起的牲畜一样，我们口中说出的话是词语的杂交，它们不无天真地相互媾和，赋予法语一种健康的气息，好像在林中村庄里，所有迷途的牲畜互相交合在一起。在这样一种语言中写作——或言说——我们没有说出任何东西。我们只是让大量的存在者或大量模棱两可的词语，像寓言中的动物一样挤挤挨挨地麇集在植物丛生的地方，乱糟糟的，那植物本身也斑驳地交杂着各种花粉、嫁接着萌芽的枝条。

如果有人希望借助词语如怪物般的增殖和蔓延，去构思一种逻辑一致的话语，那他就搞错了：他最多也只能让未成熟的、隐藏的畜群交合在一起，就好像列队而行的毛毛虫，交尾繁殖，有一种狂欢式的氛围，但并不真实，也毫不重要，从希腊语、撒克逊语、勒万丁语、贝都因语、拉丁语、盖尔语而来，从一个迷途的中国人，从三个流浪的蒙古人而来。交谈着却什么也没说，互相交合，为了揭开一场词语的狂欢，而意义则消失了，并非消失在时间的黑夜，而是消失在温柔或剧烈的无限变化中。

那葬礼哑剧呢？

那墓地剧院呢？

在埋葬死者之前，我们把装在棺材里的尸体一直抬到舞台前；朋友、敌人和看热闹的人占据了观众席的位子；送葬队伍前列的哑剧表演规模剧增，变成了一个剧团，它面对着死者和观众，让死者复活又重新死去；然后我们再抬起棺材，在深夜里一直把它抬到墓坑前；最终观众散去：节日到此结束。直到另一个人死了，再举行新的仪式，这个死者的一生应该配得上戏剧化的演出，但并不是悲剧。悲剧应该被经历，而不是被表演。

如果我们够狡猾，我们可以假装在词语中找到了自己，假装相信词语不会移动，它们的意思是固定的,或词语的移动归因于我们自己。我们假装相信,如果能改变一点表象,我们就能通过自由意志变成上帝。而我,在这狂热的、被关进字典的畜群面前,我知道自己什么也没说,也永远说不出什么:词语对此毫不在乎。

行为并不比词语更驯服。像语言一样,行动也有一种语法,要用心自学!

背叛或许就处于传统之中,但背叛并非时刻都在发生。我需要费很大的努力才能背叛我的朋友:最终我的努力会有回报。

在盛大的送葬队伍埋葬尸体之前,如果葬礼哑剧想要让死者复活再重新死去,就必须要发现并敢于说出充满语言辩证法的词语,在观众面前,词语将吞噬死者的生命与死亡。

---

* 《奇谈怪论》(*L'Étrange mot d'...*) 发表于 1967 年《原样》(*Tel quel*) 杂志第 30 期,是热内少有的集中讨论戏剧观念的文章,也是热内最后发表的文学笔记。之后,热内基本停止了文学创作。

译后记

关于戏剧的戏剧

——让·热内与《阳台》

程小牧

存在主义者让·热内

"我的犯罪记录完全是空白,我对年轻小伙子也没有兴趣,然而热内的作品让我受到触动。它触动我,因为它和我有关。"① 萨特如是说。

热内是谁?一个出生便被遗弃在孤儿院的私生子;一个寄人篱下在嘲笑中度过童年的优等生;一个十三岁去当学徒,被师傅认为"冒险小说读得太多,精神状态可疑"的少年;一个从少管所出来去海外兵团服役又开小差的逃兵;一个徒步在欧洲大陆流浪,蹲遍各地监狱的盲流;一个道德家似的小偷;一个圣徒般的渎神者和同性恋;一个在虚构中寻求真理的人;一个描写污秽的唯美主义者;一个

---

① 见于让·热内小说《盛大的葬礼》(*Pompes Funèbres*, 1947),首版封底的萨特的评论。

法兰西的公开敌人和法语语言大师……科克托最先读到他在监狱中写作的小说《鲜花圣母》，惊为天人。当热内再次因偷窃罪、伪造旅行证件罪等被起诉时，科克托挺身在法庭上为他辩护，称其为法国二十世纪最伟大的作家。后他又联合纪德、萨特、巴塔耶等文化名流向法国总统请愿，要求永久赦免这位因数罪并罚被判终身流放的天才，获准。热内的自传式小说《玫瑰奇迹》、《盛大葬礼》、《小偷日记》出版后，萨特为他撰写了一部六百多页的专著《圣热内：戏剧演员和殉道者》①，奉其为存在主义的英雄，因在其作品中，萨特发现了一种人对被给定的身份、被禁锢的荒诞处境的最无畏的反抗。成名后，热内转向另一种形式的写作——戏剧，从《女仆》《阳台》到《黑鬼》《屏风》，这一系列经典作品使他跻身于二十世纪最伟大的剧作家之列。就在其创作的巅峰时期，情感生活的变故使他痛悟生命的虚

---

① Jean-Paul Sartre：*Saint Genet*, *Comédien et Martyr*, Gallimard, 1952.

妄，以至于惶然终止了写作。他转而面向南方、面向更广阔的世界：法国殖民后的北非、以色列威胁下的中东和巴勒斯坦、黑豹党活跃时期的美国等，以行动介入被压迫者的抗争，揭开所有的欺骗和不公，直至去世，留下一部回忆录式的遗稿《爱的囚徒》。

热内的写作动摇了一种逻辑和价值赖以建立的基础，这个基础支撑着理性和层层范畴构建起来的西方社会及其文明。在这个意义上，他的方式接近元批判的哲学家如尼采或德里达。苏珊·桑塔格视之为"哲学诊断的对象"；从萨特开始，热内引起了哲学家们持久的阐释热情，巴塔耶的《文学与恶》[1]、福柯的《监禁与惩罚》[2]、德里达的《丧钟》[3]都包含着与他的思想对话。2016年热内去世三十周年之际，为了纪念这位独一无二的作家，法国马赛

---

[1] Georges Bataille: *La littérature et le mal*, Paris, Gallimard, 1957.

[2] Michel Foucault: *Surveiller et punir. Naissance de la prison*, Paris, Gallimard, 1975.

[3] Jacques Derrida: Glas, Galilée, *coll. Digraphe*, 1974.

MuCem博物馆策划了献给他的大型展览:"让·热内,巧妙逃脱"。MuCem,是"地中海欧洲文明博物馆"的法文缩写,是法国近年全力投入建设的顶级博物馆项目,于2013年落成,坐落于马赛港岸边,主要用于地中海文明的陈列与现当代艺术的展示。热内大展被安排在这里,某种程度上也是圆了他面向南方、面向北非的心愿。

热内完成和正式发表的作品包括少量诗歌、五部长篇小说、八部戏剧、谈艺笔记和政论文以及一部身后出版的回忆录。无论是自传式的小说创作还是充满象征性的戏剧文本,他的写作无不指向存在的本真内核。揭开存在的表象,触及每一个个体最深处的秘密,罪恶与伤痛,认知与界限,上帝的空缺与人的卑微,他者之谜,被驱逐者和异端的未知世界。

他的诗和小说风格典雅而怪异,令人想起维庸或巴洛克诗歌,从绝望中诞生,通过语言本身完成,语言构成了热内真实的存在。一种精致而险象环生的法语,它夹杂一些黑话俚语、色情意象,但只是增加了词汇的陌生感,其风格本身承袭着古雅的法语书面语传统。人们时常将热内与法国二十世纪的另一位语言大师塞利纳相比较,但热内的风格与塞利纳的口语写作截然不同。热内曾谈到,塞利纳是医生,是布尔乔亚知识分子,他这样的人才敢用口语写作,而自己来自绝对的底层,宁愿用更稳定的语言介入文学。他认为,现代书面法语从十七世纪就开始定型了,然而口语却不断变化,很容易过时。他在叙述中一直区分"我"和"你们":我要用你们的语言和你们说话,介入你们的历史;要在你们的规则中玩颠覆你们的游戏。批评家布瓦洛-戴尔拜什曾问热内:"您没有创立过自己的规则吗?"他答道:"我想我一生都在反对白人的规则。"他并不想发明一套规则去替换已有的资产阶级道德,因为这样的做法和被替换的东西是同样的逻辑。① 他所反对的是任何意义上的制度化(institutionalisation),这是热内所认为的现代社会恶的根源。

---

① Entretien avec Bertrand Poirot-Delpech, voir Jean Genet: *L'Ennemi déclaré*, *textes et entretiens*, Gallimard, 1991, p. 229 – 230.

阅读热内总会引起一种关乎自身的体认,哪怕时代与文化语境与之相距遥远。

很多文人艺术家都着迷于热内的形象,萨特、波伏娃、加缪、贾科梅蒂、福柯、德里达等都与之友谊甚笃。热内在生活中别具魅力,和我们所想象的"恶魔诗人"截然不同。他极为冷静和自律,甚至从不饮酒。他曾经嘲笑萨特和波伏娃这些小资产阶级要依靠酒精来"放下自我",而他自己,则如萨特所言,"处于最高程度的清醒状态"。① 这种对外部世界的警觉和敏锐观察、持续的自我反省是热内始终如一的状态。德里达回忆说:"热内会假装天真和粗野,但他隐藏了一种无论对文学还是政治都极为警觉的思考力。他清晰的头脑令我害怕。我简直像面对一个对我即将说出的话的最好的判官。"②

---

① 参见苏珊·桑塔格:《反对阐释》,程巍译,上海译文出版社 2003 年,p. 110。

② Transcription intégrale d'un entretien filmé de Jacques Derrida pour le documentaire de A. Dichy et M. Dumoulin, *Jean Genet, l'écrivain* (INA/La Sept, 1992), Archives IMEC.

艺术家、摄影师们为热内创作了许多值得玩味的肖像,如贾科梅蒂、卡蒂埃-布勒松(Henri Cartier-Bresson)、布拉萨(Brassaï)、雷蒙·德帕东(Raymond Depardon)……那是一张热忱、坚定、超然物外、又带有一丝不易察觉的嘲讽的思考者的脸。或许他最吸引人之处,就在于他纯然精神性的存在。这个弃儿,一生也没有固定居所,最终死于巴黎的一间旅馆。他一生所有的家当是一只行李箱,里面有几套衣服和他的手稿以及与友人的通信。在版税收入使他成了"富人"时,他只是换到比较高级的旅馆居住,比如巴黎的丽兹酒店。人类社会最基本的物质单位是家庭,家庭也是人最初的物质和情感概念的来源。这是热内的第一个缺失。之后是对自己的一次次悲剧性发现:写作才能、同性恋性向、超强的个人意志、慌语症、偷窃犯……他艰难地把这种命运变成自己主动的选择,至少以文学的方式承担这一切,将荒诞的存在转为自由的契机。在少管所、部队和监狱中,他自学拉丁语、古希腊语,精读希腊史诗和悲剧,研究古典音乐,伦勃朗的绘画和维庸（François Villion）、孔萨（Ronsard）等创作的巴洛克时代的诗歌，现代文学读到陀思妥耶夫斯基和普鲁斯特，之后的作品接触不多，直到进入文坛。他热爱古代建筑，甚至认为文艺复兴之后就没有建筑了，觉得凡尔赛宫的立面有严重缺陷、巴黎歌剧院则是暴发户恶劣趣味的表现。有人问他为什么不置业安家，他说，"我的钱还不够买一座文艺复兴时代的古堡，除此之外，在我眼里，没有别的建筑。"[①]

扮演他人的游戏

热内的戏剧写作达到了其文学成就的顶峰。他的每部剧作所共有的一个突出特征，即"戏中戏"结构，早在小说《水手奎雷尔》中就出现了这样的结构：一对孪生兄弟，一个是水手，一个是杀人犯，两人彼此难以分辨。而他的戏剧《女仆》《阳台》《黑鬼》则更为典型。《女仆》中的两个女仆，克莱

---

① Jean Genet：*L'Ennemi déclaré*, *textes et entretiens*, Gallimard, 1991, p. 19.

尔和索朗日,在太太不在家时玩起角色扮演:克莱尔穿上太太的衣服扮演太太,而索朗日并不是扮演自己,而是扮演克莱尔。在《阳台》中,妓院的嫖客扮成自己梦想成为的人物:主教、法官、将军。《黑鬼》中,一个殖民地村庄的黑人杀死了一个白人女性,面临着白人统治者的审判。于是黑人们自己先预演了一场庭审,一组黑人扮演审判席上的白人法官,另一组黑人则扮演受审的村民。

这些"戏中戏"的情节、手法和语言有着谜一般的魅力,充满隐喻和哲思。舞台上的每一个人物,不仅以自己的口吻说话,还以他人的口吻说话;不仅扮演自己,还扮演他人,在戏里已至少扮演两个角色。一个角色总是相对于另一个角色建立的,以此形成复杂的人物对照关系和角色身份的叠加。就像热内在其笔记《怎样演〈阳台〉》中所说,戏剧是要"照亮形象和它的倒影"①。倒影或映

---

① Jean Genet: *Comment jouer «le Balcon»*, *Théâtre complet*, Gallimard, 2002, p. 260.

像,是被投射的形象,如水中的影子、镜中的映照。这似乎让我们联想到一个拉康式的表述:主体如何通过他者在镜像中确立自我。值得一提的是,拉康对热奈的戏极感兴趣,在他的精神分析研讨班多次谈到热内的戏剧,还写过《女仆》和《阳台》的研究文章。

萨特的著作《圣热内:戏剧演员和殉道者》(1952),主要讨论的是热内前期的小说写作,然而若将这个标题与热内后来的戏剧相对应,我们会意外发现这是一个绝妙的寓言。

"圣热内"实为一语双关的修辞。从字面上看来,这是萨特对热内的推崇,封其为"圣"(当然也暗含对基督教的嘲讽,将一个小偷同性恋称为"圣人"无疑是极大的亵渎);同时这也是一个谐音的文字游戏,"圣热内"确有其人,是历史上真实存在的基督教圣徒,只不过他的名字 Genest 与热内(Genet)差一个字母,但读音在法语中是完全一样的。Genest 在英语中读作"热内斯特",区别起见,我们就姑且称他为圣热内斯特。

"戏剧演员和殉道者"是一个典故,讲的就是圣热内斯特的故事。故事发生在罗马帝国疯狂迫害基督徒的时期,戴克里先皇帝在位期间(284—305年)。热内斯特是一个剧团的演员,专门给皇帝演出讽刺基督徒的滑稽喜剧,供王公贵族们娱乐消遣。热内斯特扮演基督徒,而基督徒在这样的戏中自然是反面形象,迷信而愚蠢,还顽固不化、死不悔改,是被人嘲笑挖苦的丑角。热内斯特是个好演员,总能将这些闹剧演得令人捧腹,然而不幸的是,他本人已偷偷皈依基督教。终于,在演戏的过程中,他情不自禁地表露出对上帝的真诚赞美与虔敬之心,滑稽的台词不再滑稽,反而处处闪动着信仰之光,观众们哑然失笑,即刻发现了这个秘密。皇帝勃然大怒,将他投入监狱,最终斩首处决。罗马帝国基督化之后,热内斯特被封圣,成为声名远扬的殉道者。1647 年,法国剧作家让·德·罗特鲁(Jean de Rotrou)根据圣热内斯特的故事创作了一出悲剧《真正的圣徒热内斯特》(*Le Véritable saint Genest*)。信仰主题、地道的戏中戏结构、尤其是演员对自我身份的自觉等，使得这部戏成为一出经典名剧，一出风格鲜明的巴洛克悲剧。

圣热内斯特的典故用在让·热内身上极富深意，对作家与其作品都是一种强有力的概括。热内自相矛盾的基督徒的情感、恶行累累的生活与神学家似的对善恶终极问题的探讨、堕落的现实生命与超越性的精神创造、对表象与真实的复杂生成过程的思考等等，都体现了如圣热内斯特般的精神困境与执著追求。圣热内斯特的"戏中戏"，也成为热内戏剧创作的重要手法。

萨特亦写过关于波德莱尔的长篇论述，相较而言，他更欣赏热内，而非波德莱尔。波德莱尔被当作一个反抗的人加以分析，他在恶的信仰中持续地体验自己的生命。但他的自由不是创造性的。萨特认为，终其一生，放浪形骸的波德莱尔都需要用资产阶级的道德观来谴责资产阶级的道德观。而在这个意义上，热内是一个真正的革命者。他根本不在乎那个压迫异己的、排他性的社会机制或体系。他特殊的经历使他在早年、也即人格形成的最重要时期从未真正进入过这个体系。① 他是为了自由本身而寻求自由。这种表述也可以替换为：为了信仰本身而信仰，为了爱本身而爱。这是他的"神圣性"所在。热内在自身的堕落和对世界表象幻灭的沉思中抵达神圣性。

如桑塔格所言，萨特对热内的分析远远超出了作家研究或心理分析，在他看来，值得对热内进行哲学诊断。他的书越写越长，其实是借热内尝试一种自己的话语风格。"一切思想都倾向于普遍化，而萨特想借热内做得具体。"② 通过热内，探讨"自由"这个存在主义的核心观念，并赋予行动以至高意义。在《圣热内》中，自由是赋予意义的强迫性行为，是对世界的自在状态的拒绝。根据萨特的存在主义观点，人为世界所困扰，他行动，他行动就是去改变世界。行动是意向性的，不是偶然，偶然不能算是行

---

① Jean-Paul Sartre: *Saint Genet, Comédien et Martyr*, Gallimard, 1952, p. 448–470.

② 苏珊·桑塔格：《反对阐释》，程巍译，上海译文出版社2003年，p. 108。

动。热内的全部行为都被萨特看成是有意向性的；他想要展示热内如何通过行动与反思抵达自由。热内从出生之日起，就被给定了孤儿、同性恋、罪人的身份，无可选择、无处遁形。如同记者问他为什么是同性恋时，他回答说，"这就像问我眼睛的颜色为什么是绿色一样"。① 然而他通过行动，"主动选择"了这些身份，重新定义它们，并把这些身份以种种形象维持下去，如反抗者、囚徒、唯美者、诗人等，以此越出界限并通往可能的自由之途。热内本人也在种种角色游戏中不断扮演、伪饰或暴露自己。

《阳台》："元戏剧"之思

如果说热内的每一出剧都有"戏中戏"结构，那么其代表作《阳台》则纯粹以此为题材：在一所名叫"大阳台俱乐部"的高级妓院里，顾客们扮成自己最渴望成为的人物：主教、法官、将军等；穿上

---

① Jean Genet: Entretien avec Madeleine Gobeil, *L'Ennemi déclaré*, *textes et entretiens*, Gallimard, 1991, p. 24.

自选的戏服、念着自编自演的台词，对扮成罪女、女贼、母马的妓女们大施淫威……妓院之外正在发生革命暴动，法院、教会、王宫被攻陷摧毁，在一片混乱中，妓院里的假法官、假将军、假主教被拥立为真的，而妓院老鸨伊尔玛夫人则摇身一变成为女王。

《阳台》一经问世，即被很多戏剧导演如英国的彼得·布鲁克（Peter Brook），美国的何塞·昆特罗（José Quintero），意大利的乔尔焦·斯特雷勒（Giorgio Strehler）等搬上舞台，可惜几乎没有一个版本令热内感到满意。

细读《阳台》，我们首先会被一些充满象征意味的细节所吸引。剧本一开头，第一场戏的布景说明中讲到了一张床的道具，此道具在头四场戏中保持不变。这张床并不在舞台上，而是放在观众席前排的位置，但它被投射在舞台上的一面镜子中。① 也就是说，显现在舞台上的，是反射在镜子里的床，一张床的映像，而不是现实的床，或者说床是以一个映

---

① Jean Genet: *Le Balcon*, Gallimard, coll. Folio, 1968, p. 19.

像、镜像的方式出现在舞台上。

"床"隐含的基本象征义即欲望。不难理解,这是一出关于欲望的戏。妓院、妓女、嫖客、角色扮演、满足幻想和渴望的游戏,这出戏的表层意指统统归于欲望。

进一步看,"镜子里的床"有一个更为抽象的意义:舞台是一个象征界,一个符号系统,舞台上的一切都是映像,这个映像自成逻辑,甚至脱离实在界而飞升,而它所反映的现实的人或物被搁置在外,无关紧要。"镜子里的床"是戏剧本身的象征。而这里的现实、意象与表征,已远离传统哲学和现实主义文学的理解,它们更接近拉康所描述的现实界(le réel)、想象界(l'imaginaire)与象征界(le symbolique)的复杂关系。[①] 整出戏发生的地点"大阳台"妓院、被伊尔玛夫人称之为"幻觉宫殿"的地方,不断上演着各色人等的角色扮演戏码,这本身就是

---

① Jacques Lacan: «Sur Le Balcon de Genet», *Les inédits du Magazine Littéraire*, Numéro spéciale de Jean Genet, 1992, p. 53.

剧场、演戏的冲动或整个戏剧艺术的寓言。在第五场戏中,伊尔玛夫人赞叹道:"幻觉宫殿飞起来了。"①

前三场嫖客扮演主教、法官和将军的戏中,服装、靴帽、花边等都描写得十分细致。妓院里梦想成真的戏如何得以实现,正是让客人穿戴上这些东西,这是妓院提供给客人的最重要的东西:服装、道具、布景。它们是物质的、视觉的、装饰的,它们使一个人物进入一种身份,一个角色、一类象征符号。装饰物、服饰,物质和视觉对象,比实体或"本质"更重要。以下几句主教的独白最具代表性:

"如果我的眼睛最后一次闭上,我眼皮前所出现的将是你,我的金灿灿的帽子。"② ——注意是帽子,而非上帝、天国或十字架。

"我想做一名孤零零的主教,只想要主教的外表。"③

---

① Jean Genet: *Le Balcon*, Gallimard, coll. Folio, 1968, p. 68.
② Ibid, p. 20.
③ Ibid, p. 28.

"首饰、花边,通过你们我重新进入自我。"①

舞美道具对热内来说十分重要。不同于其他"荒诞派戏剧"极简、抽象的布景,如《等待戈多》中贾科梅蒂创作的只有几根枝叶的铜雕树,热内倾向于繁复夸张的华丽装饰,他的舞台更接近于"新巴洛克"风格。如同巴洛克时代西班牙神秘主义者圣德兰的名言,"上帝是一个形象——我爱上的是他的形象。"在诸多《阳台》的排演版本中,热内比较满意的是1969年在马赛体育馆剧院由安托万·布尔塞耶(Antoine Bourseiller)导演的版本。服装舞美设计由热内的好友、意大利籍艺术家雷奥诺尔·芬妮(Leonor Fini)担纲,视觉效果极尽繁复华丽以至神秘怪异。②

《阳台》无处不体现了"元戏剧"(méta-théâtre)的魅力。它彻底的"戏中戏"结构,表现的就是演戏这件事本身,所讨论的就是戏剧这一古老的艺术本身。

---

① Jean Genet: *Le Balcon*, Gallimard, coll. Folio, 1968, p. 23.
② Michel Corvin, «La mise en scène *du Balcon*», *Le Balcon*, Gallimard, coll. Folio, 1968, p. 186.

"元戏剧"的概括并非我们的臆测,热内对此一直有着高度的意识,《阳台》寄托了他对戏剧的基本理解与追求。在论戏剧的札记《奇谈怪论》中,他写道:

"照相术发明之后,绘画就不再是从前的绘画了;有了电影和电视之后,戏剧也不再是从前的戏剧了。电视和电影更适合记录、娱乐和教化,戏剧最终可以从充塞它的东西中摆脱出来,倒空、净化自己。因戏剧本身的美德而发出光辉……伟大的画家,既为所绘的对象又为绘画本身服务。戏剧家也同样,既看到表征的对象,也要发现戏剧本身的美德(Vertu)。"①

Vertu,亦指功效、特性,它依赖于戏剧的基本要素。《阳台》直接探讨了戏剧的基本要素:

首先,"人"、"人物"和"角色"的关系。在法语中分别是 personne, personnage, rôle。"人"是一般意义上的一个人,生活中的一个人,我们认识的

---

① Jean Genet: «L'Etrange mot d'...», *Théâtre complet*, Gallimard, 2002, p. 880.

一个人，一个自然人。"人物"，是指文学作品和艺术作品中的一个人的形象，他的性格特点的总和，统一而鲜明的形象。"人物"在拉丁语中是 personna，而 personna 的本意是"面具"，拉丁语用这个词翻译希腊语中指称戏剧人物的词。显然这个"人物"不同于"人"，他有了面具般的典型性和区分性。"角色"一词的出现、被用来指称戏剧人物则更为晚近。"角色"的原意是"纸卷"，指一卷写着字的纸。在古希腊罗马时代，剧本台词写在一卷纸上，由一个提词员拿着念，给所有演员提词，保证演戏顺利进行。直至十六十七世纪，台词才分开写，一个人物的所有的台词写在一起，这就是一个角色。送到每一个演员手里的是一个分台词剧本，一卷凝聚着人物所有言行的纸。与此相应，在写作和排演过程中，人物特征都大大强化了，强化了"面具"的意义，人物形象显得很突出甚至夸张。

由人到角色的演进，带来了一系列耐人寻味的问题，以下几点尤其值得思考。从"扮演一个人物"到"扮演一个角色"，意思发生了变化。法语"扮演一个角色"在日常使用中,根据语境有可能带有贬义,暗指做作、虚假等,好像我们说"在演戏"。角色与人物的真实性格似乎是有差距的。既然有差距,就有了"像不像"的问题,如何隐藏、消解自我而与角色或一个虚构的自我合二为一?角色是在关系统中建立的。就像我们说"扮演一个父亲的角色"和"做父亲"是有所不同的。角色标示着人与外部世界持久的关系,意味着个体在世界中的存在,在社会关系中的存在,如布莱希特所言,"最小的社会单元不是一个人,而是两个人。"角色,强调了人物与他人的关系,从而也凸显出人物与自我的关系。最终,角色成为一个符号,它存在于符号系统之中,有时被抽象为一个虚空的能指。法官、打手、女贼一幕,就是在表现这个主题。法官求女贼好好认罪、好好演女贼,这样他才能当上法官,没有贼就没有法官,"我们是漂亮的三人组"。他甚至跪在地上舔女贼的脚,恳求她不要拒绝她的罪,不要拒绝女贼之名。[1]

---

[1] Jean Genet: *Le Balcon*, Gallimard, coll. Folio, 1968, p. 39.

热内戏中的人物不是由自然人定义的,而是由角色定义的。如果说传统戏剧中的人物是在模仿自然,模仿生活中的人,《阳台》中的人物则是匿名的、无名的,人物在一个并不是他真实身份的角色中,而他扮演的甚至不是自己的角色而是他人的角色。最终竟因为扮演他人的角色就真的替代他人:假法官、假主教、假将军在起义暴动中趁火打劫都成了真的。人物是缺席的、空位的,没有实在的自我,永远在扮演另一个,于是身份的问题便提出来了:"我是谁?"角色游戏是寻求自我的游戏、自我发明的游戏。热内曾说过:"我所有的人物都是我自己。"[①] 热内的舞台不是反映世界的镜子,而是反射自我及关系的镜子。舞台是生活的对立面,属于另一个界域。人物从现实存在中解放出来,可以不是任何人,而只是一个角色,这个角色在独自演戏。

其次,似真性的问题。戏剧模仿的意义何在,是

---

① Jean Genet: «L'Etrange mot d'...», *Théâtre complet*, Gallimard, 2002, p. 255.

真的还是假的,应该像真的还是像假的?热内并不想解决这些矛盾和困境,更不想将它们隐藏,而是将这些矛盾和困境置于戏剧追问的中心,作为舞台呈现的基本问题。主教与悔罪的女人的对话充分体现了这一点。主教问悔罪的女人,"罪是真的吗?"扮演悔罪女人的妓女立刻称是,因为如果不是,又得重演;罪必须是真的。然而当妓女说是的时候,主教一下子感到恐惧了,甚至忘了用戏剧腔说话,而用日常语调问:"你不会真犯了这些罪吧?这是假的吧?"罪必须是假的——"如果是真的,你的罪行就是重罪,而我将陷入多么可笑而可怕的境地"。① 如果是真的,渴望当"主教"的人还演什么戏呢;不去阻挠、惩罚现实的恶,而在这里寻欢作乐!他所渴望的不正是成为惩恶扬善的权威吗?"魔鬼在演戏,在这里我们才认出他,所以教会要诅咒戏剧演员。"②演戏,舞台上的作戏,全是恶。

---

① Jean Genet: *Le Balcon*, Gallimard, coll. Folio, 1968, p. 26.
② Ibid, p. 89.

卡门询问扮演圣德兰的道具细节、亚瑟要扮演一具假尸体但真被炸死成了真尸体等等,舞台上的人物时刻意识到他们在演戏。戏所呈现的不再是再现的对象而是戏剧本身,模仿的行为化为形式感和仪式感,并因此而存在。

再者,关于戏剧最终的价值。热内认为,戏剧指向死亡所限定的界限,戏剧是生命的残留物,是吸纳了无数死者的纪念碑,应该在建立墓碑的地方建立剧院。戏剧暂时地逃脱了历史的(宗教的)时间,向多种可能的时间敞开,是一种令人晕眩的解放,归属于永恒的界域——死亡。[1]《阳台》中的警察局长渴望得到一座陵墓,自己为自己守陵。"幻觉宫殿"中最美的一个厅就是葬礼厅。而阳台妓院/剧院的游戏究竟意味着什么?——"人们都说咱们这座房子把这些家伙引向死亡。"[2]

---

[1] Jean Genet: «L'Etrange mot d'...», *Théâtre complet*, Gallimard, 2002, p. 259.

[2] Jean Genet: *Le Balcon*, Gallimard, coll. Folio, 1968, p. 112.

卡门："先生，您是想把您的生命变成一场漫长的葬礼。"

警察局长（咄咄逼人地）："生命还能是别的什么吗？"①

这些台词道破了玄机。

最后，戏剧的本体。热内认为，"戏剧是一个词语构筑的建筑"②，由语法精确的、仪式化的语言构成。类似结构主义的文学观，他将戏剧视为语言符号系统。《阳台》构筑起一套独特的语言，纯粹象征的、隐喻的、诗性的，谜一般的语言，呈现出高度风格化的美感。这显然不是妓女和嫖客的语言，不是生活的语言、不是现实主义的语言。很多对话充满机锋，尤其是卡门的台词：

少了它所罩住的双腿，裤子空空地搭在椅

---

① Jean Genet: *Le Balcon*, Gallimard, coll. Folio, 1968, p. 68.
② Jean Genet: «L'Etrange mot d'...», *Théâtre complet*, Gallimard, 2002, p. 261.

背上，挺好看的；可没有了穿戴它们的小老头，那些戏服却死一般地悲伤。这是我们放在达官显贵灵柩上的衣冠。它们只穿在那些死不掉的行尸走肉身上，然而……

当他们刚一看见这些花里胡哨的戏服时，我敢肯定，他们的眼睛里闪现的快乐是纯净无瑕的……

这些台词道破了戏剧模仿的永恒诱惑。

卡门这个人物十分特殊，她是戏中唯一只扮演自己、不扮演他人的人物（只是在与伊尔玛的交谈中透露出，她曾经扮演过圣母）。虽然她曾经扮演，并仍然渴望扮演。但她不在"戏中戏"中，与现实保持着神秘的关系，好似一条连接着象征界与现实界的纤细的线。戏中戏包含着多重现实，舞台下的现实、舞台上革命暴动的现实、嫖客和妓女真实身份的现实（卡门是一个年幼女儿的母亲、一位嫖客是使馆的官员），然而所有人无不在演戏，连暴动分子也在演戏,现实界原本就是空缺。最终,舞台上的现实与假象彻底掉了个个儿,伊尔玛夫人最后对观众所说的话,也颠覆了舞台下的现实。如同拉康所指出的,现实界是语言无法抵达的,无法以语言加以表征,尤其当个体进入既定的语言系统之后就无可挽回地丧失了。

《阳台》并非对具体人和事的讽刺,或对人和事的具体讽刺,它围绕着人、人物与角色的复杂关系,探讨了戏剧的本质乃至生命的谜题:表象、幻觉、真实的纠缠不清,形象与它的倒影(镜像、映像)如何相互依存和衍生,表征的欲望与意义以及爱与死的永恒冲动……

图书在版编目(CIP)数据

阳台/(法)让·热内著；程小牧译.-- 上海：上海文艺出版社, 2018（2022.1重印）
ISBN 978-7-5321-6749-4

Ⅰ.①阳… Ⅱ.①让… ②程… Ⅲ.①荒诞戏剧—剧本—法国—现代
Ⅳ.①I565.35

中国版本图书馆CIP数据核字(2018)第140135号

LE BALCON
By Jean Genet
© Editions Gallimard, 1959 for Le Balcon, 1968 for OEuvres complètes IV and 2002 for Théâtre complet
All rights reserved.
著作权合同登记图字：09-2018-454

出 品 人：	毕　胜
策　　划：	郜晓琴 黄德海
责任编辑：	肖海鸥
封面设计：	DarkSlayer
封面题字：	李广铎

书　　名：	阳台
作　　者：	(法)让·热内
译　　者：	程小牧
出　　版：	上海世纪出版集团　上海文艺出版社
地　　址：	上海市闵行区号景路159弄A座2楼 201101
发　　行：	上海文艺出版社发行中心
	上海市闵行区号景路159弄A座2楼206室 201101 www.ewen.co
印　　刷：	上海盛通时代印刷有限公司
开　　本：	787×1092 1/32
印　　张：	8.375
插　　页：	2
字　　数：	117,000
印　　次：	2018年8月第1版 2022年1月第4次印刷
Ｉ Ｓ Ｂ Ｎ：	978-7-5321-6749-4/J.0460
定　　价：	39.00元

告读者：如发现本书有质量问题请与印刷厂质量科联系　T:021-37910000